紐澳打工度假
停看聽

作者◎楊環靜

我要罰單

我要錢啦

我要黯然銷魂
的新鮮青草

拜託你們
開車別撞到我

太雅出版社

Working Holiday
New Zealand+Australia

甜美的誤會

有個大學同學，很年輕小我八歲，在我去澳洲沒多久後也加入打工行列。對她印象就是新新人類，愛搞怪、愛玩，愛蹺課，重點是看起來柔弱吃不了苦。

以為她會受不了打工度假的模式，因為打工度假絕非是官方說的賺賺旅費去七逃、學英文那麼簡單。結果她超猛的，居然放棄咖啡館工作到果園裡背起袋鼠袋（背著裝果子的袋子）摘起桃子。從室內環境到戶外豔陽下工作，下工回到農舍裡還能跟一群馬來人打混在一起。她在澳洲打工度假的樣子，實在讓我無法連結到印象中的那個瘦弱的小女孩。她說：「來打工度假的人不是都在找苦吃嗎？」原來她早就有準備來吃苦，所以很心甘情願當起快樂台勞。

不知道是因為知道打工度假就是找苦吃，所以愈苦、愈坎坷、愈悽慘的旅程，回頭想起時就愈覺得值得、愈難忘，甚至懷念起曾經那段受苦受難的日子。苦的已不再是苦，就在結束後變成了甜果，分享出來的幾乎都是甜滋滋味道讓人嚮往。也不知道是否因此讓有些人誤會了打工度假是甜美的。

就如有一對台灣來的情侶有天看了本澳洲打工度假書後，心動的辭掉工作，加入打工度假行列。他們在西澳伯斯待不到兩個月，燒了那本打工度假書籍，並大罵作者三字經，還說被他騙來打工度假。希望那個作者沒聽到，不然真的很冤枉，畢竟都是分享經驗，還是自己要多做功課才能真正無怨無悔來紐澳樂當台勞。

打工度假停看聽的誕生

只不過回頭看看現今的打工度假書籍，會發現絕大部分以操作工具書並附加體驗遊記出版，內容多偏向正面的經驗。雖然有部分書籍以打工度假遊記出版，卻極少將打工度假常見問題與打工狀況真實報導。即使可見打工度假酸苦談，卻大以正面的修飾，並以快樂的體驗收筆。莫怪會讓許多人為那句「樂當台勞」，前往夢寐以求的打工度假後，罵下「靠！你他媽的打工度假」，並思索起打工度假真的是會讓人「樂當台勞」的異國生活體驗之旅嗎？

打工度假停看聽，就因沒有多少打工書籍去報導與分析打工度假這件事才會誕生。本書就是要讓你看看百百款的打工真實樣貌，因為只有真正瞭解打工度假是多麼找苦吃，才會真正的當起快樂台勞。

感恩，我最愛的家人

還記得當初說要出國打工度假的時候，老爸問要多錢，我說：借我 15 萬，我回來還您 20 萬。老媽問去那幹嘛，我說：就是工作學英文有閒去七逃。老哥說一口破英文也敢出去，我說「就是因為破才要出去」。記得要去高雄小港機場搭飛機前，老哥一路上用著比我破的英文試探我的英文程度，他問「人不舒服了去醫院要怎麼說？人不見了，怎麼問路呢？肚子餓了，怎麼找吃的？」我吞吞吐吐又含糊不清回答，因為三年多沒碰英文，早就遺忘怎麼開口說英文。老哥當下就說要不要我轉頭載你回家？哥，謝謝您沒在測試沒過的當下送我回家，我知道您知道我行的。阿爸，多謝。寫書、讀書都讓您贊助，連出國打工度假還讓您掏錢。阿母啊，我知您很不捨我出去，假裝很堅強說反正你就是趴趴走，我習慣了！

多謝，我ㄟ出版社 - 太雅出版社

不知道當初太雅伙伴們看見我要寫紐澳打工度假的書時，到底怎麼想。畢竟誰會如此招搖還很不要臉，居然敢在提案上寫「本書最大的特色是環靜寫的」。還好太雅編輯們沒有吐血，然後回我說「抱歉，名氣不夠大」。說真的，謝謝您們相信我們可以合作出好作品，所以這本書才能順利產出。

謝謝，我ㄟ紐澳打工朋友

◆阿塔，多謝啦，若不是你帶了皮尺與磨腳石，我還真不知打工族的行李箱那麼好玩。

◆ Ari，多謝你這麼的帶塞，找工不順、想找個人愛攏沒，不是太幼齒啃不下，不然就是老到吃不下，要七逃第一天就遭小偷，就是因為你這麼坎坷才會讓我好奇每個打工族的命運。

◆ Angela & Jaden 要不是你們展現出傲人的不怕死精神，一週內開上上萬公里路程，我還真不知原來連夜趕中澳公路的荒野地帶會平安無事。

說真的，要感謝的人多，謝謝所有在紐澳打工度假提供建議與經驗的朋友們，謝謝所有幫助過環靜的好心人。

楊環靜 出生於台南，是一個活躍於生活中的旅遊人。喜歡四處趴趴走，渴望有日能夠環遊世界，看遍世界各地市集。愛好地方生活文化的她，走遍台灣各地，是傳統市集達人，也是旅遊作家。出版作品有《傳統市場美食旅遊路線》，以及《走進光陰的故事 - 眷村菜市場》。

紐澳打工度假停看聽
從此開始

Star

龍蝦工到
手，資產增
加 1 萬澳幣

綠燈：請安心慢走

被袋鼠踢到
屁股，退回
台灣

黃燈：小心天上掉下來的禮物，快步通行為妙

第一章	第二章	第三章
打工前傳	打工筆記	學習停看聽

自己煮菜難
吃到吐，暫
停一次

英文太差,
罰寫錯字
100遍

紅燈:注意注意,停看聽要小心,以免人財兩失

別忘了,打工的另一半是度假

從貼紙找到
工作,得雪
梨機票一張

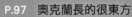

第四章　|　**第五章**　|　**又一章**
生活停看聽　|　異國人生　|　打工的另一半是度假

交到越南朋
友,現金多
500澳幣

旅行教室 4　紐澳打工度假停看聽

文　　字　楊環靜
攝　　影　楊環靜

總 編 輯　張芳玲
書系主編　張敏慧
特約編輯　王之義
美術設計　王之義
地圖插畫　王之義
封面設計　王之義
封面修訂　林惠群

太雅出版社 編輯部
TEL：(02)2836-0755　FAX：(02)2831-8057
E-MAIL：taiya@morningstar.com.tw
郵政信箱：台北市郵政53-1291號信箱
太雅網址：http://taiya.morningstar.com.tw
購書網址：http://www.morningstar.com.tw

發 行 所　太雅出版有限公司
　　　　　台北市11148忠誠路一段30號7樓
　　　　　行政院新聞局局版台業字第五○○四號
印　　製　知己圖書股份有限公司
　　　　　台中市40768工業區30路1號
　　　　　TEL：(04)2358-1803
總 經 銷　知己圖書股份有限公司
　　　　　台北公司 台北市羅斯福路二段95號4樓之3
　　　　　TEL：(02)2367-2044　FAX：(02)2363-5741
　　　　　台中公司 台中市40768工業區30路1號
　　　　　TEL：(04)2359-5819　FAX：(04)2359-5493

郵政劃撥　15060393
戶　　名　知己圖書股份有限公司

廣告刊登　太雅廣告部
　　　　　TEL：(02) 2836-0755　E-mail：taiya@morningstar.com.tw

初　　版　西元2010年09月01日
初版二刷　西元2012年09月20日
定　　價　230元
(本書如有破損或缺頁，請寄回本公司發行部更換
或撥讀者服務部專線04-2359-5819)

ISBN　978-986-6629-83-9
Published by TAIYA Publishing Co.,Ltd.
Printed in Taiwan

國家圖書館出版品預行編目資料

紐澳打工度假停看聽 / 楊環靜著 . -- 初版 . -- 臺北市
：太雅，2010.09
　面；　公分 . -- (旅行教室；4)
ISBN 978-986-6629-83-9(平裝)

1. 遊記 2. 副業 3. 紐西蘭 4. 澳大利亞

772.9　　　99015159

第一章：打工前傳

準備好了嗎？還沒還沒，等你看完這章再說。我知道你躍躍欲試，像馬一樣想要馬上衝出去，但想像的通常比較美，你不知道廣告會害死人啊？出發前一定要看仔細，預備？開始！

前進夢裡人生

就在亞洲航空（AirAsia）打著「人人都可以飛」的噱頭同時，似乎出國旅遊不是件難事。就算荷包只有一點點，透過廉價航空與便宜的背包客棧，就可以輕鬆出國去旅行。只不過想靠廉價航空與便宜客棧來趟長期旅行，除了荷包夠，也要沒家累負擔才行。

這時打工度假就有十足的魅力，打工度假就是能一邊賺錢，一邊體驗異國生活與進行語言學習。**不但可以在國外賺錢支付在台的定期款項，收入甚至遠遠超過在台灣所得**，這麼好康怎不讓人心動？莫怪學子們紛紛出走打工，就連高薪的台灣客，也不想錯過這難得機會。

有些人就是天生工作狂，有天突然覺得累的，逃離任職已久的職場遠走紐澳打工度假，如在草莓場裡有位香港來的品管員，她放下高薪資與管理專長，透過交換食宿與四處打工不但遊走紐澳一年多，還在低階工作裡學習到從未想過的倉儲管理。即使這裡的狀況管理不佳，她卻能藉此想像如果是她會怎麼做。還有一位國際知名電腦硬體公司的工程師，他懷著令人羨慕的薪資與工作條件，來到草莓包裝場只是個搬運工，卻不認為在當苦工，還享樂其中！

還有些人的朋友是從事電腦設計的工程師、繪圖員，帶著案子到澳洲打工度假，找個喜愛的定點，偶爾到餐廳兼兼差認識些新朋友，有時還到飯店當房務員賺取些房租費。平時透過網路溝通接接案子，不但保留了專長經驗，還可以繼續賺些台灣錢。這些懂得台澳兩頭賺的設計家，所得不但比原來多，還實現了過過國外生活的癮。

有許多剛畢業的新鮮人，嚮往海外留學的生活，透過六個月的打工，存了近萬元澳幣，進行四個月學習課程，二個月的旅遊生活，不但完成海外留學夢想，還因此擴展了視野與人生觀。這樣看起來，不論是來自職場高手還是社會新鮮人，打工度假已實質成為他們實現夢想的途徑。

打工度假就是可以讓你踏上世界難能可見的景色，帶你走入冰原時期。圖為：紐西蘭南島地帶的法蘭斯冰河（France Glarcer）

30 歲以後無效

打工度假是一種旅遊的模式，卻與一般出國旅遊大不同。即使是出國到處旅遊半年，或是到定點租房過過異國生活癮，所得來的價值依舊不同於打工度假。畢竟打工度假者需在當地進行工作、採買、料理，等到錢存夠了再旅行。藉由打工度假長達一兩年的時間，讓自己也變成一個當地人，懂得料理紐澳式餐食，學會紐澳式生活。

這種**長時間的異國生活體驗，所創造的價值與獲得的經驗是無價的**，就算一趟打工度假的最後看起來好像沒有多大成就，英文能力與大家的期望有落差，至少你來過打工度假、曾體驗過異國生活，又有誰有多少機會與你一樣，這就值得驕傲了。

人的一生中有多少機會可以有一趟長達一、兩年的時間，讓自己生活的像個外國人呢？說真的，**若是可以重來我還真想在 24 歲那一年就離家出走去打工，而不是年屆 30 才出發**。畢竟大學畢業後，又有一、兩年的工作經驗，到國外進行生活與學習，不但可以透過自己在台灣的社會經驗來看紐澳職場與生活，又因年輕可以將打工延長三至四年，澳洲兩年打工度假，紐西蘭一年，再來個加拿大版的，回國之後 27 歲左右的年輕人，不但體驗各地不同的異國文化，在打工度假中所見所聞甚至強過在校所學。讀萬卷書，不如行萬里路啊！

但回頭看看現今台灣來的打工族裡，有太多人是抓住最後的申請機會，瀕臨 30 才出門。不像韓國人，在大學畢業或是大學學期中就來一趟打工度假。所以，許多台灣打工族就算想要多待一年都得受年齡的限制，不管是簽證申請的年齡受限（二次申請打工度假簽證只能在 31 歲前），或是出走職場後，回台灣被列入高齡群的危機，而錯過可以深入體驗異國的機會。所以，想出走的年輕朋友們，到底還在等什麼呢？

這裡的烤雞很特別，內臟清空後塞入已調味黑麵包粉，讓吃烤雞不只有吃雞肉

這裡的豬排搭配頻果醬，不是配蕃茄醬

苦媳婦出國變富婆

　　若是你月入兩萬五，要來一趟紐澳旅行兩週，預計得花費 10 萬，你要花多少時間存款呢？但若你來紐澳洲打工度假，要存 10 萬台幣可能不用兩個月，那你還在等什麼呢？

　　這樣高收入的價碼實在太誘人，如果你有門路又可快速得到工作，申請張打工度假簽證、準備 10 萬台幣，在季節性工作裡從事一個半月，不但可以帶回原本的 10 萬台幣，還可以來一趟紐澳一個月旅行加東南亞一週遊，甚至**本來出國前是負債，回國後變有錢人。**

　　像我那神勇的幾位大學同學，只帶了 500 元澳幣闖蕩澳洲江湖，從東北方移動到東南方，工作不到四週，扣除開銷進帳 2,500 元澳幣，利用剩下的一個月從南澳玩回東北澳，回台前還去了趟峇里島！雖然過程坎坷，甚至是你想像不到的辛苦與痛苦，但這短暫的辛苦卻換來另一個嚮往的旅行，那你說這滿身酸痛值得嗎？！

　　甚至一些沒有資格申請打工度假的亞洲客，如在越南山寨（在草莓廠工作時期的家，因為都是越南人，家裡又搞的很有山寨風，所以這小屋被我們叫越南山寨）裡遇見的越南中學老師，也偷偷申請了觀光簽來到澳洲打起黑工，苦蹲草莓園賺旅費，就是要賺些旅費好好玩透澳洲大陸，畢竟，要靠在越南教書賺旅費遊澳洲兩個月，可是天方夜譚。

打工生活時，你會遊走於鄉間道路中，看見各式與自己家鄉不同的風貌與美景。（圖為：澳洲新南威爾斯洲的小鄉鎮 Gundagai 的周邊景色）

體驗紐澳最特別的是，開車請小心袋鼠，連駱駝、火鳥、熊、澳洲野狗都要小心

瞎密？打工回來買公寓

聽說，有個前年來的打工朋友，來澳洲不到兩年時光，回到台灣後就買了層公寓。當你聽見這樣的消息是否也會心動起來，趕緊打行李來澳洲打工度假？不僅可以少辛苦幾年，還可以買層公寓快活過日子。但澳洲的錢真的有那麼好賺嗎？還是那個買公寓的傢伙在澳洲中了樂透呢？

買公寓可能嗎？若是你時薪 17 元澳幣，每週工作 40 個小時扣除稅金與基本生活費，不娛樂、不買奢侈品、不外食，配合省吃省用，一週你可以存下 400 元澳幣，一年可以存下 20,850 元左右，**兩年就可以存進 41,700 元，折合台幣約 100 萬元（驚）**！這一百萬雖買不起大公寓，但頭期款已綽綽有餘。當然還有許多人，週入上千澳幣元，這時帶回台灣的錢可不只是那棟小公寓而已了。

想當個搶錢族，只要有工卯起來賺，不論是打雜工、還是季節工，都可週入上千元澳幣（約 27,000 元台幣），莫怪有人會花上上千元澳幣請人當仲介，進入號稱最好撈錢的龍蝦廠大撈一筆（龍蝦食品加工廠為季節性工作，時薪高、旺季時數多，一般可以在一週賺上千澳幣）。

就如幾個從馬來西亞來撈錢的朋友，在奇異果包裝場一天工作超過 14 小時，沒有休假日，週入高達紐幣 1,300 元（約台幣 29,000 元）。有些季節工是按件計酬，只要敏捷快手，配上好天氣，一週六天班天天 8 小時，賺 1,500 元澳幣跑不掉。但別以為這樣算高，有個台灣來的猛漢更是厲害，身兼三份差，週入兩千澳幣（約台幣 54,000 元），讓打工族們紛紛封他為「打工皇帝」。

打工度假真的是打工度假嗎？這看在想要撈錢大賺一筆的人眼裡，可是新一代的淘金樂。就算有人不認同搶錢族的打工度假方式，卻不可否認，當他們大撈一筆之後，不但回台輕鬆點，又可以申請免費的觀光簽再來紐澳好好大玩特玩一番。

錢少事多離家粉遠

有些人倉促的辦理打工度假簽證，説是為了逃離工作、為了逃開社會壓力。有些人則有大半時間的規劃，然後如計畫而行的辦理打工度假，説是為了完成夢想到異國生活體驗，説是為了學習語言……等。有太多的理由與因素，讓這些打工度假者離開台灣到異國生活，而這些角色裡，有些是中高階管理人，有些是擁有令人羨慕優渥薪資與職稱，像是半導體工程師、律師、教師等，然而，**不管是什麼人，來到這裡通通只做低階的包裝工、摘果或是清潔工！**

頂著高專業技能的打工族，難道就沒有其他的選擇嗎？其實打工度假不是給專業或是給想工作的人申請，會開放打工度假有許多的因素。以紐澳來説，最重要是為了解決季節性工作，以及低階工作人力不足而開放。透過這些打工度假者的勞力支配，來平衡短期勞力的短缺狀況之外，打工族入境後的學習、生活與旅遊活動所創造的經濟效益，更是讓紐澳政府笑不攏嘴。畢竟打工族在紐澳所獲得的薪資大部分還是貢獻給當地，不止如此，還造就出更多的工作機會當給當地人，如人力仲介業、教育業，甚至農業大鎮也會因這些打工族開設新的客棧、旅店與餐館。

不管如何，**打工度假想坐辦公室？想的美！想要離家近也是不可能**，就算你幸運找到讓人羨慕的輕鬆工作，如在紐澳餐廳、咖啡廳、麵包坊，也會受限於打工度假簽證中的任職期限（只能在同一公司中任職最多6個月）所限制。離職後大部分還是得回到農漁季節性工作中餬口飯，這樣看來這紐澳打工度假的政策目的達成率真是百分百。

從官方推展打工度假的主要目的看來，突然覺得紐澳政府也挺詐，畢竟那些粗重、乏味又短暫的工作，紐澳年輕人不想幹，用自己的老年人效率又太低，招些外來的年輕人加入，不但可以好好利用外來年輕人的活力，又可以在這打工族身上大賺一筆。

有人説最好賺的工是街頭賣藝，一、兩小時可能可以賺上四、五百澳幣。但也得要唱得好、表演的有創意才可能，而這可不是隨便想表演賺錢都可以，還得向官方相關單位申請才行

500 澳幣闖天下

接二連三的，同學紛紛來澳洲打工度假，幾乎可以在兒這相會辦個小型的同學會。這次迎接前來澳洲打工度假的同窗，是三個從大學時期就很麻吉的小小團體，這三個同好擁有著相同的遊樂態度，來澳洲打工度假對他們而言就是要輕鬆體驗，但他們帶來的旅費，可是我聽過中最可怕的數字：**只有 500 元澳幣！這僅能讓我生活不到兩週的生活費**，怎能輕鬆體驗呢？即使其中一個同學有近親在此可依靠，只不過在澳洲高消費的生活水準下，也難有幫助。

挑戰省錢任務

有些人就是想把自己逼緊一點，不希望太多娛樂，一來就是要工作，所以帶著飽滿的勇氣和 1,000 元澳幣前來。其中也有人像我這三個同學一樣，帶著不可思議的經費前來，還好他們已經買好回程機票。最後值得慶幸的是不到兩週他們順利找到農場的工作，但得遠從布里斯本搭上廉價火車，越過三個省份到墨爾本。而這趟遙遠的旅程換來的卻是廉價的季節性黑工，每天得工作 10 小時，然後苦蹲在炙熱夏季的蔬菜田下，搞的精疲力竭、腰酸背痛，唯一讓他們撐下去的動力，就是苦日子後換來短暫的揮霍生活，到雪梨大城裡玩樂一番。

那到底帶多少錢是適宜？官方建議至少要有兩個月的生活費，約 3,500 元左右的澳幣（大概 10 萬元台幣），然而真的每個前來的打工者都攜帶這麼多錢嗎？當然沒有！有些人帶來的旅費遠遠超過這官方建議，一般保守的打工者，至少會帶 2,000 ～ 3,000 元左右的澳幣，沒安全感的人一般會帶 4,000 元左右的澳幣。

有足夠的勇氣與旅費，加上賣力的工作態度，你也可以在觀光勝地裡一邊玩衝浪、一邊在旅行車假日公園裡當起快樂的清潔員

位於澳洲昆士蘭的草莓大鎮 Caboolture 的假日市集，總在中午前夕大特價，一包蔬果兩塊錢，價碼可是市價一半還來得少，打工族們就算走上一小時路才能到市場去，也甘願到那去採買點便宜貨

　　帶多少錢也得要看你來打工度假的行程規劃。有些人一來就選擇上語言學校，或選擇寄宿家庭或是換宿家庭，不管你花多少時間與經費在此，這學費或是體驗費都得額外準備。一般生活費以平價住宿和自己開伙（不包括旅遊費）來算的話，每日平均花費 27 元澳幣之間。初期開銷還包括手機辦理與其他生活必須用品的補給，大概花費 100 元的澳幣。**找工作的過渡期大概是一個月左右，一般在你投履歷後約兩週左右，才會陸續有工作消息。**若你有朋友在此，可以幫你引介工作，那可能不用一週就可以獲得工作機會。

　　不管如何，在紐澳打工度假時期裡，需預留給工作等待期的旅費最好有兩個月的生活費（1,500 澳幣左右）。畢竟有太多的工作是季節性的，時有時無，即使你到了當地、到了農場裡，你可能也得花上些時間等待，而這時間長短沒有人說的準，有人等一天，有人等一個半月甚至更久，所以得保留一點荷包應付等待的空窗期。而在等待期的同時你得要預留一筆移動費（註：移動費指到其它城市工作的交通費），然而這移動費幾乎是打工度假中最大的開銷（除了娛樂費外），一般預留 300～500 元左右為最適宜 。這樣看來除了原本計畫的語言課程或是換宿或是打工前的遊樂支出，**至少要有 2,000 元澳幣的旅費在身上，才不會讓自己時時面臨危機而苦不堪言。**

省錢必殺技法之：
剪不斷
理還亂

紐澳剪髮一次
1,000 台幣起跳，
互相幫忙剪髮個
兩次就可以省下
好幾千元

人在異鄉花費表 ❶ 各類開銷

項目	語言課程（週）	住宿（週）				餐飲費（一餐費用）				通訊、網路費				交通與油資	
		Homestay	Share House	Backpack	YHA	自行料理	麥當勞早餐	麥當勞一般套餐	其他外食	手機SIM卡單次	電話費每月儲值	無線網路費 *使用行動數據機	投幣式網路費 *每10分	大眾運輸 *單站	無鉛汽油 *每公升
澳洲（AU）	約300元	約120元	約100元	140元	160元	約6元	3.5元	6元	6.5元起	30元	10元起	30元起	1~2元	2.5~3元	1.2~1.5
紐西蘭（NZ）	約300元	約120元	約100元	140元	160元	約6元	3.5元	6元	6.5元起	30元	10元起	30元起	1~2元	2.5~3元	1.7~2.0

人在異鄉花費表 ❷ 每日開銷（以入住背包客棧為例）

項目 支出	住宿	餐飲(自行料理)	交通與油資	電話與網路費（平均每日支出）	雜費(採購日用品平均每日支出)	合計	折合台幣
澳洲	20元~30元	6元起	6元起	1~2元以上	1~3元以上	34~57元	969~1,625元
紐西蘭	20元~30元	6元起	6元起	1~2元以上	1~3元以上	34~57元	765~1,283元

註 1.澳幣兌換新台幣匯率約 1：30，紐幣則為 1：24（最新匯率出發前請再次查詢）
註 2.除油價外，在紐西蘭的生活費低於澳洲
註 3.地區性油價差異大，一般近郊區其油價高於市區約 25%，人煙罕至區的油價則高於 40% 以上

海關不可怕，只是

曾看見有人在網站上發表說，紐澳海關超機車，就連帶《京都念慈安》也可能被罰錢。其實，因為這藥品裡含有蜂蜜這個成分，入境時若無申報，到時丟了「京都」就算，還要請海關人員「念」在外來客不懂事，而能多點「慈」祥，讓自己「安」全過關了。

這樣的說法是真的嗎？**是的，只要攜帶任何含有動植物類相關製品都得要申報或是不能帶入境。** 若是貿然闖關，沒遇見那隻專門檢驗物品的米格魯，算好運逃過一劫。但若巧不巧被狗相中，就真的可能緊張到腦中缺氧而暈倒。

這只含一點點成分蜂蜜的保養藥品，居然還得大費周章的申報入關，一想到這，不就讓想帶點家鄉味的打工族，放棄任何台灣產品嗎？其實，紐澳海關沒你想的可怕，只要不要保持著僥倖心態闖關，一切都會平安無事。

入境只有一條平安路，就是**當你不確定你帶入的物品是否需申報，通通走向申報路線去，那你絕對平安無事。** 頂多帶來的東西被扣留，絕對不會有罰單。若是不想丟了辛苦帶來的物品，這時就得要好好研究物品出入境須知。只不過那些細細麻麻的攜帶品須知內容實在是容易讓人頭暈眼花，就算看了看還是會分不清什麼可以帶什麼不能帶，

很囉嗦 ⋯⋯ ※ 囉嗦 ※ ※ 囉嗦 ※ 囉嗦

有時還因在分享網站中獲得錯誤訊息，讓打包行李也搞到神經緊張。

有些物品可等不到你走到申報櫃檯，就得通通將它們丟入垃圾桶。 如生鮮食品類、活的動植物類、堅果種子類、蛋奶製品（奶粉、任何一種有蛋成分的製品）、無罐裝的肉製品等，部分中藥類（如有動物軀體部分，像是冬蟲夏草，因為有蟲在裡面）。不然只要到了拿行李區，**你可能會因為一根香蕉而被罰上 200 元澳幣（約台幣 5,700）。**

除非你想在澳洲吃牢飯，像是刀槍、毒品、特殊禁用藥品、保育類動物製品等就絕對不能攜帶入境。而哪些需要申報？一般來說以食品類（零嘴、糖果、茶、咖啡與任一加工食品）、藥品（含維他命），以及其他攜帶超過限量規定的物品（如菸酒、現金、有價物品（郵票、珠寶等）⋯⋯救命啊連糖果也要申報！

註：在紐澳大城裡有太多亞洲商品店可以找的到台式食品與泡麵，所以想在紐澳吃台味，不用特別從台灣帶來。

入境申報撇步

若你有帶一些需要申報的物品，建議集中在一個行李箱或是隨身行李（包括藥品與食物加工類），然後在申報櫃臺檢查時，將那一包給海關人員檢驗。通常海關驗完後，會詢問其他行李箱是否需要申報？若需申報，則看海關人員是否要檢查後才可入境。

◎澳洲檢疫檢驗局之旅客入境須知（中文版）
　www.daff.gov.au/languages/chinese-simplified/take-simple#sec1
◎澳洲海關局之出入境遊客指南（中文版）
　www.customs.gov.au/webdata/resources/files/Custom_DL_booklet_
　TraditionalChinese.pdf
◎紐西蘭海關局之旅客入境須知
　www.customs.govt.nz/travellers/Arriving+in+New+Zealand/default.htm
◎紐西蘭檢疫檢驗局之旅客入境須知
　www.biosecurity.govt.nz/enter/personal

沒有找對伴、不如

　　有人說找伴很重要，但沒找到合適的伴，自己一個人更好。然而，不管透過網路通訊相約同伴，還是經過繁瑣約談而決定同遊異國，相邀同行的伴到底是好還是不好？有時答案還真是極端。

　　有些人為了找到合適的旅伴，刊登網路訊息，還相邀吃飯，**有時還得與對方家人來場會面，過程如同找人生伴侶般的重要與慎重**，當然也有些人透過網路即時通訊聯繫，連面都沒見過就敲定日期，就相約在機場的出境口，完成一年相伴之約定。

兩人同行、一人毀滅？

　　然而，有太多的狀況讓原本的約定成了謊言，獨留對方在異國求生存，讓原本說好的彼此照料成為了旅行中的沈重包袱。有些人為迎合旅伴的喜好，搞得一而再的換工作、東奔西走，到最後看清對方而 say goodbye。就算曾是如此堅持的兩人打工計畫，最後還是被現實與旅行中的摩擦給毀滅。

　　有些人還誇張極致，因為帶來的旅費不足而急需工作，就拉著旅伴當起黑工苦蹲菜田，就算被毛手毛腳也要對方一起咬緊牙根苦撐下去，即使百般不願，卻只是因為當初約定。不免讓人懷疑起，**找伴同行能互相照應，還是增加負擔呢？**

　　雖然有很多從台灣相約同遊異國的打工族，最後搞的不歡而散，也有在台灣是超級麻吉朋友，到後卻因打工度假而行同陌路，斷交多年建

找對伴，同享樂，共憂愁，可以分擔旅程的支出，也可以照料好彼此的生活。圖為：一行台灣草莓工趁假日相邀出遊爬山去

不要伴！！！

起的友情。但也有許多因有良伴在身，可以 share 交通、伙食費，減少許多旅遊支出，在異國生活中彼此照應，而成為了一生難得知己。

其實，找伴同行沒有特別不好，只是會少了點英文練習、少了點獨自冒險的空間、少了考驗自己的機會、少了可以隨心所欲的自由，少了放縱自己的勇氣。所以，當你決定找伴同行的同時，這伴侶的選擇不可能馬虎，就算是死黨也得分清他是適合玩樂的伴侶還是患難之交。畢竟，來到人生地不熟的大洋洲裡，狀況會連連發生，再好的麻吉也會因此起爭端，**就連情侶也可能到後來變成仇人。**

也因此，有人說，打工度假除了可以體驗異國生活外，也是考驗友情與愛情的絕佳管道。不管如何，良心建議你，當你決定攜伴參加打工度假，也得要有一定的 sense。相邀同行的打工伴侶分和難免，不應怪任何一方。畢竟，每一個人都有權力選擇自己要的打工度假方式，即使曾經說好的計畫，也可能因為抵達當地後起了變化。畢竟誰都不願在好不容易開始追求體驗不同人生的同時，卻因旅伴而烙下不完美的結局。

誰也不能預測今天的照料會不會成為明天的負擔，講好的事，不免也會有爭吵。而當誰也不讓誰的時候，那不就跟這兩隻袋鼠一樣，剛剛還恩愛的很，一下子就揮起鼠掌打了起來

夢幻廣告害死人

哇，好像好好玩唷！看著那些紐澳農業當局與打工度假網站上，為了季節性工作的招募拍的宣傳照片，張張笑容甜美，並樂於田野中，不管是剪枝、摘果還是包裝員，好像都是難得的快樂工作經驗。

騙人！澳洲草莓園可不是大湖觀光果園可以讓你拍 YAYA 照。你得苦蹲或是長坐在炙熱天氣下的果園裡，卯起全力猛摘，摘錯了，別以為澳洲是西方世界很人性化，笨蛋、豬等字眼都可能隨時上演，畢竟農場裡大有亞洲人經營。

出發前先練好舉重

草莓或許不新奇，畢竟台灣也常見，若能摘個奇異果那絕對夠屌。**對啊！你來摘看看**，當你背著袋鼠袋，雙手高舉摘下一粒粒的奇異果，滿天飛起的奇異果毛可會讓你噴嚏不停，還全身搔癢，這還不打緊，**裝進袋子裡的果子得要近 20 公斤才能放入大箱子**，這時你還得高舉摘果，怎會是滋味？若是你是以個人算件，想懶一點，或許你還有機會喘氣，若是你跟到的隊伍是算整日工，媽啊！你可能得背著沈重袋鼠袋在奇異果園裡慢跑。

好吧！戶外工太辛苦，我躲進包裝場裡可以吧！沒有錯，包裝場的工作倒是輕鬆多，當然，賺得收入也相對減少。只不過，草莓包裝可不像想像的簡單，這裡賺錢得要拼速度也要動腦筋，要賺的多就得懂得跟品管搞心機，然後**好的隨意放，壞的盡量藏**，手腳靈活點，花招多一點就可以成為賺錢高手，但也因此成了黑心包裝員！

包裝算件的靠手段，算時薪的得要靠耐力！像紐西蘭有些的奇異果包裝場，一到了旺季

美、閃

哎…

得從早上 8 點上工到晚上 10 點半，一天除了有兩次讓你休息吃飯半小時外，頂多在早茶、下午茶、晚茶時間給你來點 15 分休息外，想偷懶都沒有時間。你得被主管盯著，被運送帶的速度給追著，幹到手不是自己的手，連腿在哪都不知道了！而回到家，你還得準備隔日的三餐，連澡都還來不及洗，明早要來接駁上工的車，都準備要出發來載人了呢！

好日子不多

對了！你可別以為農作物的包裝場只有奇異果會超時工作，只要是遇見旺季，每一種蔬果，似乎都逃不過這樣的摧殘。然而，季節性工作還有太多不可控制因子，畢竟這靠天吃飯的工，時有時無，有時賺的錢還不及應付因連日多雨停工的開銷，而造成生活緊繃。

不管如何，**想做季節工，得要有一筆旅費來應對老天的變臉**，千萬別以為，季節工就一定可以賺到錢，存飽荷包。更不要以為季節工輕鬆愜意，你可能會他媽的想回家去。

然而，有些人說「農場工，有工就賺錢，沒工就七逃去」，這是一句打工度假者當季節工應懂的 sense。但這**前提是你必需要有一筆足夠兩個月的生活旅費（再次提醒）**和十足的體力來應對突然來超時工作，也就是說，這句話只適用於有錢又耐操的人身上啦！

別以為看似最輕鬆的挑果工最好賺，這工作可會讓你頭暈眼花，而你還得站上一整天不得動

葡萄園裡風光美，像似人間仙境，卻累壞摘果工，你得爬上爬下的來回於果園裡摘果剪枝，一點也不輕鬆愜意呢

不迷網行李打包術

要帶些什麼來？幾乎會讓每一個打工客苦盡腦筋，不管是搭乘廉價航空還是一般經濟艙，都得受限於載重，即使想把家當全部帶來，最終也只能從受限的行李箱中一一挑出非必要的用品。到底哪些應該優先放進行李箱呢？我想許多打工度假書籍，或是網路資訊中幾乎都可以看見需帶用品的建議。只不過，當你真的前往紐澳打工度假時，你會發現有太多的理由說服自己沒關係、太多的慾望增加了行李重量，而把前輩與書中交代的事項忘的一乾二淨，結果行李箱裡不只是有打工度假的必需品，還多出了讓人摸不著頭緒的東西。

愛美拖油瓶 1 號：洋裝與高跟鞋

講到愛水（愛漂亮），我想這是讓許多女性打工度假者失去理性的主要原因之一。當必需品與愛水用品起了衝突，被取捨的總是那些必需品！然而，若是過了頭的愛水，當起打工度假族，就顯有點格格不入！

像是有些人不帶睡袋、不多加點厚外衣卻塞進高跟鞋與洋裝，到底高跟鞋與洋裝何時會用到？或許對女性們來說，只要有穿上的那一天都值得，即使只有一次的聚會派上用場。只不過當你來到這後，**身材的轉變可能會讓你看著洋裝、後悔起怎會塞進這玩意，然後再花上一筆同等價格的運費將它寄回家。**

莫名其妙拖油瓶 2 號：磨腳石

有些人愛美的程度，就算打工也得要保養。像是面膜、眼膜還是去角質、去粉刺等保養品都還算常見，但若帶上磨腳石，而捨去重要物品就有點讓人搞不懂。只不過，愛美就是女人的天性，若你怕

想買個斗笠來紐澳當農夫（遮陽超好用）：不用特地從台灣買，在紐澳洲的一些亞洲商店或是農業大鎮周邊的假日市集、兩元商品店（像似台灣的 10 元商品店）都在賣

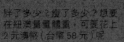

胖了多少？瘦了多少？想要
在紐澳量量體重，可要花上
2元澳幣（台幣58元）呢

哪日遇見心儀對象，卻因腳皮問題而尷尬，錯過一場夢寐已久的異國戀情而悔恨終身，那你就帶吧！

匪夷所思拖油瓶 3 號：皮尺

當皮尺這號怪東西出現時，不免引起我們這些好奇的打工族哄然大笑，怎會想要帶皮尺呢？難道是因為要保持身材嗎？還是什麼呢？還真讓人搞不懂。更好玩的是，當事人也搞不清楚當初為何會放上皮尺，只因為覺得可能會用到吧！回想起來也是一頭霧水。

我想這是許多打工度假者出發前的矛盾，尤其是女性朋友，即使有明細表一一核對，最後仍會多出讓人摸不著頭緒的物品在裡頭。只因可能會用到，卻忽略真正的必需品，搞的該帶不帶、不該帶的一堆，行李不是超重，就是得委屈自己受寒受凍過日子。

不太適合拖油瓶 4 號：台灣保養品

到底該帶些什麼？前提是你要先知道你要去哪裡？若沒有搞清楚自己要先抵達的地點氣候與打工度假的無常變數，你可能一下飛機就會罵三字經。畢竟紐澳相對濕度比台灣低，加上氣溫低，**許多人本是油性膚質，不到一個月就變成中性或是乾性皮膚**，從台灣帶來的化妝用品頓時成了廢品與負擔，雖非全然，卻大有人因此重新購買化妝保養用品。尤其是防曬，幾乎是來紐澳的必需品，然而從台帶來的防曬品多數會加入爽身粉抑制油質，而搞得你滿臉脫皮。

有些賣場會提供免費的會員卡，就算是臨時的過客也可以擁有一張，如何索取？直接跟超市服務員問問即可。圖為紐澳常見的超級市場 Woolworths & Coles，以及其會員卡

行李打包 Q&A

1. 請問一定要帶睡袋嗎？

　　紐澳地區的背包客棧（Backpack Inn or Hostel）、分租房子（Share House），或是農場提供的住宿空間有些沒有提供棉被，需自行準備或租用，這時睡袋就可派上用場。睡袋建議選擇輕便又保暖的羽絨材質，其內容量有 600 公克以上才能抵抗 0 ～ 5 度左右的溫度，若在紐西蘭渡冬則考慮攜帶更高內容量的羽絨睡袋，或是至當地採買毛毯來搭配。但如果你選擇終年住在寄宿家庭（Home Stay）或是 YHA 青年旅館，就可以選擇不用攜帶，因為他們有提供棉被外，暖爐也是隨時運轉。而且就算是帶睡袋入住 YHA 也不可使用自己的睡袋，主要是避免你帶來的睡袋有藏床蟲，污染了他們的床與棉被。

2. 帶電腦來紐澳是累贅嗎？

　　其實大部分亞洲來的打工族都會帶上手提電腦。雖然紐澳背包客棧、圖書館都有提供付費或免費網路與電腦使用，但仍有許多不方便之處。帶電腦與否，我只能跟你說，帶它來主要並不是為了上網聊天、看片娛樂用，而是即時訂票、上網刊登履歷、找尋工作、聯繫工作、用網路電話聯繫家人等等，這才是辛苦帶電腦來的價值。紐澳付費上網費用 10 分鐘就要 50 元台幣！有些地方有提供免費無線上網，像是澳洲的麥當勞或是部分圖書館，這時帶電腦來就超省錢也超好用。

3. 要帶多少衣服飾品才適當？

　　沒有來過紐澳的人永遠都沒辦法體會前輩說「紐澳總是一日上演著四季」。你可能會在夏日時刻遇見白天 40 度高溫，晚上卻急速降到 16 度低溫，所以建議夏服與冬裝皆需帶。但若擔心帶不夠，在紐澳各地大小鄉鎮都可以輕易找到二手商店（像是紅十字會、Vinnies），舉凡日用品、服飾、家用

紐澳藥妝店裡的藥品

品通通都有，而在較大城市的 Shopping Mall，像是 K-mart、Big-W、Target 等，超市自有品牌的衣褲都在 5 ～ 20 元澳幣（約台幣 150 ～ 600 元）之間。

4. 需要攜帶防水或是高檔的防寒外衣嗎？

若你本身沒有特殊的高檔運動防水服飾，其實不用特地準備特殊的防寒防水衣，畢竟一件保暖內衣、鋪棉長 T-Shirt 或毛衣加上羽絨外衣、手套、圍巾、保暖帽，就足以抵擋紐澳零下左右的溫度。加上紐澳賣場、商家、餐廳、背包客棧、或是 Share House 幾乎都有提供暖爐。除非健行、登山、騎單車就需帶一些專業且高檔的防水防寒外衣。

5. 保養品與盥洗用品貴不貴？需要多帶嗎？

保養品在紐澳較常見的開架式國際品牌如歐蕾、妮維雅、卡尼爾，以及清潔用品多芬、潘婷、嬌生、棕欖與高露潔等其價格約台灣的 1.5 到 2 倍。但各大超市常有不定期特價，打折後通常與台灣售價差不多。因此建議不需帶太多備用。倒是衛生棉價格差異最大，約台灣的 3 到 4 倍，行李空間可塞的話則可多帶點。

6. 藥品怎麼帶？

在紐澳看醫生貴是眾所皆知，是否該多帶一點藥品呢？其實紐澳的普通藥品取得比台灣便利，你除了可以在藥局購買外，超市、便利超商也有提供。而藥品的價碼，內服藥如普拿疼一盒 24 顆裝大概 3.5 元左右澳幣（台幣 120 元），台灣一盒 10 顆也是 120 元台幣，其他治感冒的藥囊和胃腸藥與台灣差不多。若是選用超級市場裡的自由品牌，止痛藥 12 顆裝不到澳幣 1 塊錢（約台幣 25 元左右）。外傷用品部分，除了部分品牌的酸痛藥膏與眼藥水與台灣價格差不多外，其他可是貴的嚇死人，如碘酒一瓶要價台幣 100 起跳唷！所以，止痛藥、感冒藥、胃腸藥、維他命等，紐澳價格比台灣便宜，超市內就能買到，建議不用

咦？怎跟我長麼像啊？

特別攜帶，除非你有特定的藥品需求。

備註：除了特殊用藥外，紐澳購買一般普通藥品，並不需醫生處方證明（此類普通藥品有哪些，如在台灣的藥妝店中，可自由購買，不需經過醫生或是藥劑師診斷）。

7. 會不會有機會參加宴會，而需帶正式服飾呢？

受邀到當地友人家裡作客、到高級餐廳用餐，或參加打工的公司舉辦的聚會或是季節性工作結束時的 Party 時，的確需要打扮。但紐澳人並不像歐洲大國那麼拘謹，輕鬆休閒打扮像是牛仔褲、休閒長褲或是裙子配上 Polo 衫或 T-Shirt，以及休閒鞋或球鞋即可應付大小的 Party。

8. 是否要帶農場工作特殊用品呢？

若是選擇只做包裝廠的工作，基本上不用特殊準備，然而若是要摘果、採菜、剪枝、除草等季節工，一般農場或工頭也會提供簡單的工具與配備，如口罩、手套、圍裙等。但若你想讓自己輕鬆一點的採菜摘果，就可能需要帶護膝或是其他防曬、防蟲的保護措施，畢竟你將會長時間在大太陽底下的田裡磨蹭。

許多人帶了全套農夫裝備，最後幾乎都沒有用，也在農場活的嚇嚇叫。建議你應徵到工作後，再依需求至二手商店或大賣場採購，這樣不但不需多帶沒必要的用品，亦可減少行李重量，又可確切買到到工作所需用品。除非你出發前已找到工作，這時你就可以在台灣先行準備。

紐澳許多的圖書館有提供限時或是免費無線上網服務（如：澳洲布里斯本的圖書館、紐西蘭基督城圖書館）或是麥當勞（澳洲地區）都有提供

9. 請問你帶過最後悔的與最慶幸的東西是？

最後悔：帶老舊的手機、老舊的 MP3，沒多久就壞了！前輩們總說打工度假族不需高貴物品在身，帶些老舊電子用品來才不會招來不懷好意的人給偷走。但是真帶了那些老舊手機、MP3、電腦、相機，你可能得要更細心照料，不然壞了又要花上一筆錢。

備註：若是你的台灣手機本身已老舊，倒是可以來紐澳購買手機門號時順便購買。我只花了 69 元紐幣在一般電信行買到一隻基本款手機和一張門號卡。

最慶幸：帶了字典、320GB 的隨身硬碟並在裡頭燒錄大量的電影與音樂。有些人說出走到異國就是要遠離電腦、就是要逃開電子資訊好好享受自然美景。但人總是要娛樂吧？電腦裡的影片可是荒郊野外中，唯一可以陪伴你度過分秒無趣的生活。打工度假不是在旅遊，每天面對相同的場景與工作，再美再悠哉，沒有其他休閒娛樂也會變的很無趣。對我來說 MP3 裡的音樂可是唯一減少工作無聊的救命丹。

這些比台灣便宜

食物	牛肉、雞腿肉、起士、披薩、牛奶、蘋果、葡萄（**便宜近 10%**）
零嘴	洋芋片、紐澳當地特有品牌巧克力、堅果（如腰果、杏仁、葵花子、夏威夷果、核桃等）（**便宜近 10%**）
享受	白紅酒（**便宜近 25%**）
健康食品	維他命、魚肝油（**便宜近 25%**）
藥品	止痛藥、感冒藥（**便宜近 50%**）
服飾	純紐澳當地羊毛製品，如手套、毛衣、襪子、圍巾（假日市集裡較便宜）（**便宜近 15%**）
美妝保養	紐澳當地的綿羊油製品（如護唇膏、乳液）（**便宜近 15%**）

作者掛 保證的
金有用打包清單

旅遊用品	紐澳旅遊書、背包、相機、記憶卡、電池、睡袋、輕便雨衣（雨傘）、鑰匙鎖頭（用來鎖背包客棧提供的行李櫃，最好攜帶兩個大小不同的鎖，還因應不同大小的行李櫃。鎖頭大小以 3～5 公分為較適宜，其鎖扣高度至少 3～5 公分較適合）
飲食用品	冷熱雙用茶壺、便利餐具、保鮮盒（煮飯時當料理盒、工作時當便當盒，旅遊時置放物品的物品盒）
電器用品	適用 110～240V 的電腦、MP3、隨身硬碟、手機、手機備用電池與充電組、吹風機、三插扁頭電源座。 備註：紐澳的背包客棧很少提供吹風機，就算是夏日炎炎的紐澳其夜晚有時冷颼颼，沒有吹風機吹乾頭髮可是會著涼唷！
服飾用品	冬天三套、夏裝三套、工作衣褲兩套、內衣褲五套、襪子五雙以上，保暖夾克至少一件、保暖手套、冬天用保暖襪、圍巾與帽子、遮陽帽，太陽眼鏡、布鞋與拖鞋各一即可。
保養與盥洗	基本保養品夠兩個星期或一個月即可。如有特別喜好品或是個人特殊保養用品則依個人需求準備。
醫藥用品	外傷用品與個人特殊需求用品
打工用品	**摘果採菜季節性工作：**耐磨與舒適的長褲、排汗良好的T-Shirt。 **其他工作：**一般服飾即可，有些公司會提供制服或圍裙。 備註：工作衣褲建議攜帶將淘汰的衣服，在旅程結束後就可丟了，減少回程或繼續旅遊的負擔，並可讓空出的行李箱位子買點新品犒賞自己。
學習用品	筆記本、英漢字典
其它	晾衣夾

Money Money Money

所有事情都有步驟，一樓沒蓋
好怎麼蓋二樓？打工也一樣
喔，有些人的幸運來自於他的
事先安排，就像你想中頭獎，
也得要先去買張樂透。本章告
訴你作者的獨家筆記，不用拿
筆抄，都幫你畫好重點啦！

第一站最好先到這

　　説真的，打工度假也可以很享受，不一定要拮据才像樣。只要行程規劃好，拿捏好自己的目標也會很順暢。有些人一來先從增強語言開始，首站就進入語言學校；有些人以找工作為先，目標鎖定農場工作；還有些人要先體驗在地生活，就選擇交換食宿家庭（農場）。

學習為主型：先上語言學校

　　若有計畫先上語言學校或是進入換宿家庭或農場，倒是不錯的打工度假的入門方式。因為在語言學校與換宿計畫的一、兩個月時期，就可張羅你的打工計畫，如購買手機、税號、個人銀行帳戶，以及後續的工作安排，如上網瀏覽工作、尋找地方報紙與相關工作資訊等。只要一邊跟著學習與換宿計畫走，一邊尋求工作機會，不但可以避免等待工作時期的慌張，也可以減少因旅費的吃緊，隨意找份兼差而吃盡苦頭。重點是語言學校與換宿家庭或農場，可以在未入境紐澳前洽談與辦理，而工作則通常得到當地才能確切知道是否有職缺。

工作優先型：跟著陽光走

　　若是以工作為先，則因區域性而略有不同，如要做農場工作，就隨著陽光計畫走，哪裡溫暖哪裡的季節工就多。澳洲的秋冬天就往東北澳

這個於澳洲大洋路上的基督家庭，總會提供給想賺點旅費的青年遊子一個交換食宿，內容像是拔拔草，或做房務清潔

交換食宿計畫或是入住
澳洲家庭，有時可以入
住有才藝的家庭，還可以
學學做澳式風格陶藝

移動，春夏就往西南澳走。當然也有許多地方，一年四季都有季節工，所以，不見得要隨著陽光計畫走，只不過陽光總是會帶給尋職者多點希望（陽光計畫時間表，見 P.48）。

如果要去市區裡的餐廳、飯店、雜工，或是郊區的工廠打工，就得靠點運氣。然而，若是要到觀光地帶去謀生，像是飯店、Motel、或是 Caravan Park（旅行車度假公園）做清潔工或是餐廳助手，則要在假期前一個多月來尋缺。不管是在市區還是在郊區，盡可能不要在學生夏季假期（每年 12 月中至 1 月底左右）尋找工作，畢竟學生大放假，舉凡清潔工、短期季節工（如摘藍莓、櫻桃）、餐廳服務生、臨時雜工等，都成為了學生熱門打工的主要選擇，這會增加你的尋職困難度。

陽光計畫

所謂的「陽光計畫」，就是朝著溫暖的地區走。這與日照和氣候有關，澳洲冬天時除了達爾文、昆士蘭州省外，其他都會冷冰冰，尤其是西南澳與維多利亞洲省。旅遊的人口或是移動的游牧族就會在秋冬季時去到較溫暖的洲省，農作物這時也會在這溫暖地帶上場。若你以工作為優先，就看你出發時哪邊氣候較溫暖，就往那裡找工作就對了。在紐澳間最常透過 WWOOF 或是 Help-Exchange 兩單位進行尋找交換食宿。一般需要加入會員，但亦可透過有其會員的朋友幫忙尋找。

交換食宿單位網站
◎ WWOOF（World Wide Opportunities on Organic Farms）
www.wwoof.org/index.asp
◎ Help-Exchange（HelpX）
www.helpx.net/index.asp

廉價航空的迷思

　　要在哪裡落點？無奈的打工族拜廉價航空所賜，似乎只能選擇亞洲航空（AirAsia）到東岸的布里斯本（黃金海岸機場），或是搭乘捷星（Jetstar）、老虎航空（Tiger Airways）到西澳的伯斯。

　　只不過搭乘廉價航空真的可以省下大把的交通費嗎？當你省下近萬元的旅費，到了每個省錢打工族的聚集地時，工作機會早已被先來卡位的人給占據了。除非願意接受低價碼，或到華人區域與商店（如中國城）裡獲取低工資，尋工就不會比想像的艱難。但日益增加的打工族，開始接受低價碼時，那低價碼工也會變得不好尋。

省小錢花大錢

　　像有幾個朋友搭乘捷星航空轉新加坡到伯斯（Perth），最後卻沒有順利在西澳找到工作。再經由他人介紹從西澳移動到北澳來，多花了300元澳幣（約台幣 8,100 元）的機票費與兩個星期的浪費期（支出約1,000 多元澳幣，約台幣 27,000 元），反而當初從台灣到伯斯的機票才不到 8,500 元台幣，最後還是花了更多的錢移動。而到了北澳地帶又跟其他打工族一樣，多花了兩週多的等待工作期的生活費。

　　想為旅程的開始省點機票錢，卻萬萬想不到，錢沒有省到還「倒料」（台語，虧本）。早知如此，把本想省下的機票錢，拿來搭一般航空，不用克難的夜宿機場等待轉機、不用受廉價航空行李限制，更不用讓

一般從台灣飛往紐澳的廉價航空較著名有老虎航空（需至新加坡轉機）、捷星航空（香港或是新加坡轉機）、亞洲航空（吉隆坡轉機）等。

> **廉價航空網址：**
> ＊亞洲航空 (AirAsia) www.airasia.com
> ＊老虎航空 (Tiger Airways) www.tigerairways.com/sg/en/index.php
> ＊捷星航空 (Jetstar) www.jetstar.com/au/en/index.aspx

自己渴著、餓著省下機場餐飲費。只要懂得拿捏好行程安排與計畫，那還要搭乘廉價航空嗎？

　　總而言之，落點在哪很重要，就算要搭乘廉價航空也得要有一定程度行前準備，像有些人懂得在紐澳旅遊淡季時刻出發，選擇搭乘一般航空公司，又提前 6 個月訂票，拿到低於台幣 13,500 元的漂亮票價（一般機票票價單程約 2 萬左右）。

到哪裡很重要

　　有些人就算搭乘廉價航空來澳，就懂得逃離背包客的聚集地，選擇遠離大城，找喜歡的小城待著。雖然工作機會不像大城多，但相對競爭較小，獲得機會也因此會高於一般大城，其薪資甚至比大城多上好幾元呢！但前提是你要有足夠的準備。像有個日本朋友，喜愛衝浪，所以他還沒來到澳洲就已經打聽好哪裡是衝浪聖地，附近有什麼樣的工作機會。所以有別於一般打工族，搭乘一般航空到墨爾本，然後一到立刻買台車子移動到計畫好的小鎮，幹起捕魚夫。等漁貨量少時，就帶著衝浪板玩浪去。

廉價航空就是什麼都很摳，不但餐點、行李要加錢，就連登機道（boarding gate）也得在沒有冷氣的環境下走上百公尺。而若要在墨爾本搭老虎（Tiger），你還得跨越國際航廈到邊邊角落的鐵皮屋裡去，莫怪背包客都笑說「poor tiger，你的威武到哪裡去了！」

幸運女神要預約

在澳洲認識的第一個朋友，來澳洲不到一週半就在布里斯本市區的汽車工廠裡找到一份時薪 14.5 元的小雜工。或許這 14.5 元的時薪聽起來不算高，畢竟澳洲的基本薪幾乎至少每小時 15 元以上。但若是在布里斯本市區裡聽到這消息絕對羨煞不已，因為這裡大都是 10 元左右的薪水，甚至競爭到低價碼 6 元也在幹。

第一招：出發前包打聽

許多人說是他幸運，但若聽完他的故事與打工度假計畫，就不會將這完全歸在他的幸運。喜愛單車旅行的他，也想來趟澳洲單車之旅，在台灣他開始搜尋相關打工度假資訊，知道只要帶兩條香菸就可以換一台不錯的單車，於是透過背包客棧聯繫，一到布里斯本就用香菸交易，換了台單車，就這樣解決了打工族最頭痛的交通問題。

第二招：猛用免費資源

他在台灣就知道布里斯本的圖書館有免費的上網系統，於是訂房在圖書館附近，在布里斯本沒有花任何一毛錢買國際電話卡或網路費，透過免費的網路提供，聯繫家人並辦理所有打工度假需用到的電話與稅號，以及透過網站查詢工作等。在閒暇之餘，他與一般打工族一樣，拿著履歷四處投遞，當然也被拒絕好幾次，但在一週後，順利的找到讓人羨慕的工作。

隨時可見的單車族總是有令人敬佩的精神，不但將大小包家當通通繫到車上，時常還得在荒郊內陸地帶，一天騎上上百里

騎單車就是可以更愜意的在景點中拍照

第三招：主動出擊豁出去

當他經過汽車展示場的時候，心想那整天展示在外的車子應該需要有人清吧？於是他帶著簡單履歷自我推薦，是否需要洗車工人或是清潔雜工。雖然應徵的汽車廠並不需要人，卻因他積極詢問是否有其他工作機會，汽車廠的主管引介他至另一家車廠，讓他順利進入汽車廠裡當清潔雜工。這樣得來的工作是幸運嗎？他的事先準備，再加上個人的企圖心與勇氣，才是真正讓工作如此輕易得到手的原因。在汽車廠工作半年後，他騎單車遊北澳半周，沒有夜宿街頭、沒有困苦節儉，十足的享受他的單車打工度假之旅。

以他的案例看來，你是否發現事先的準備工作做得好，打工度假也會跟著較順暢。也有好幾個到紐西蘭打工的朋友，在台灣透過網路找到工作，雖然工作需要透過工頭安排，但也不像其他人一樣，到了才摸索而挫折不已。

菜英文也能上工

　　許多來自歐洲的打工族，他們的方式值得我們學習。有些人早在他們的國家就已透過電話聯繫包裝廠或是摘果工頭，詢問何時有工、位置在哪，週邊住宿等，並預訂了當地的背包客棧，入住等待開工日。

他們都知道你想問什麼

　　或許是因為語言程度問題而讓台灣打工族不敢拿起電話詢問，但說真的，除了來自英語系國家的打工族英文絕頂好外，其他歐系還是亞洲客，通通很基本，那還怕什麼！重點是那些季節性的農場或包裝場的人，早就知道來求職的外國打工族的英文程度，甚至**不用多說，那些面試者早就知道打工族會問什麼。**

　　如我初抵紐西蘭時，英文程度只有幼兒級，KIWI人（紐西蘭稱自己為KIWI）的英文發音也有別於美式，幾乎是處於語言不通的狀況，隨時還得靠翻譯機幫忙。因為室友的介紹，到了客棧附近的包裝場應徵，一到時只會「說我有工作度假簽證，正在找工作，這裡需要人嗎？」其他都不會的狀況下，那個應徵者瞄了我一眼，然後拿出四張滿滿英文字的表格讓我填寫。說真的有九成看不懂，用著翻譯機翻了翻，最後那應徵者看不下去來拯救，才順利完成表格，奇異果包裝工作就這樣到手。

　　加入奇異果包裝團隊後才發現，原來紐西蘭的季節性包裝廠很愛用台灣人，說是韌性夠、單純、認真、有效率。聽到這你還擔心什麼？說到這真要好好謝謝那些打工前輩們的辛苦貢獻並留下好風評。

　　總而言之，想要如期找到季節工作，就得知道每份季節工的需求時間點，畢竟一年四季每個季節都需要季節工，只不過淡旺季的需求有差異，其任職項目也會因月份而有所不同。就如農場工作，就一個季節各省分產之農作

就是這一本由澳洲政府農業單位推出的「國家農作物指引手冊」，也就是打工族常說的「追逐陽光手冊」，此可向旅遊服務中心索取（見P.50）

物而有所差異，這可以在大型的旅遊資訊中心得到相關資料，而澳洲政府也有印製冊子分析各地產地狀況與人力需求時期，在台灣也可以在澳洲官方提供的工作尋找網站（http://jobsearch.gov.au/harvesttrail/default.aspx）下載此份資料，亦可獲得相關的工作訊息。

當設定好地點與工作，管他英文好不好（不好也得找個好一點的人來代問），**反正就是趕快拿起電話或是發 E-Mail 詢問工作開始時間與周邊住宿訊息，獲得工作就不會如想像中的那麼困難。**

在紐澳各地的農場或包裝場，時常可找到提供簡單設施的農舍，給尋求工作的露營車主落腳。（圖為：紐西蘭 Satara 奇異果包裝場提供的露營場地）

愛恨工頭

農場工作因為門檻低，你可以不用太懂英文，甚至只要透過比手劃腳，只要農場缺人，就可順利獲得農場工。不知是因沒有足夠自信，還是農場工早已被工頭與仲介商給壟斷？讓我們這些渴望有工上的打工族，得靠工頭拉一把，來獲取工作機會。

誰是工頭？

有些來自中東與東南亞人士，原本也是來紐澳從事辛苦農工，隨著打工族日益增加所賜，一轉眼躍升為白領族，乘機當起仲介，開始租起小房、賺起房租，洽談工作、賺取佣金。工作的佣金本是雇主給工頭的報酬回饋，卻有些壞心工頭乘機想多撈點，開始剝奪起可憐的打工族。

透過工頭仲介，除了可能被抽佣以外，還得負擔其他的風險，像是房租、車資都可能隨時調漲，而**薪資可能隨時落空，甚至從合法的白工，做到後面離開去報稅時才發現原來是黑工。**

不只如此，有時還得應付工頭的話語騷擾，甚至還有毛手毛腳的恐怖事件。講到這裡，是否你會跟我一樣懷疑，**那幹嘛找工頭呢**？若是這麼想，就得要有台車子，然後不管英文程度好壞，就得登門拜訪或是電話應徵。畢竟現在的農場仲介工幾乎沒有台灣人，你也得用英文跟那些工頭應徵，不如直接找農場主人說。

但在**某些時候，即使你有了車子也得靠工頭才能找到工作**。這通常是你錯過適當的時間，到那農作物開始前才開始找工作，這就是人家說的「搶位置」，需要靠他們來幫忙應徵。

找工頭是進入季節工迅速管道，只不過工頭的素質與品行總是參差不齊。壞工頭為了賺錢，什麼錢都要賺，而打工度假的遊子為了能在異國中存活久一點、多賺點旅費，就這樣的被嚴重剝削。若是付出勞力

我愛？　　　我恨！　　　我愛？

沒有相對的報酬還不打緊，有時還會深入危險中，被騷擾、被強擁，然後強忍眼淚，就只為了有份差。

正常合法的工頭與仲介

1. 好工頭：

有登記公司商號，可以給予受雇者申請打工度假的第二次簽證、報稅等。 工頭的報酬一般是雇主給付，不會向受雇者加收其他費用。工頭的收入來源除了引介工作，大都來自房租收益與上下班接送服務費上。

2. 合理仲介公司：

透過仲介一般需要事先給付介紹費，費用多寡各家公司不同。仲介者的收益來源除了獲取介紹費外，聘雇公司也會給仲介服務費，不會在受雇者的工作收入再抽傭。

3. 合約要小心：

一般透過仲介尋工者會填寫合約書，其合約書多以英文書寫，**其中要特別留意離職需知。像是多久需告知離職日期等，免得被扣留一到兩週的薪水，還沒有理由要回。**（別不好意思問，不管是中文或是用英文，都得請工頭或仲介者將合約書上的此部分特別圈起來）

隨著農作物的大鎮移動，找尋當地的旅遊中心，詢問農作物包裝場資訊。圖為：紐西蘭南島的農業大鎮 Cromwell

葡萄一年四季，從開花、結果到落葉都需要季節工

我恨！　　我暈……

黑工陷阱停看聽

　　其實，仲介從在雇主與受雇者之間，某些時候是必要存在的關係，只不過當關係惡化時，你就得跟著他們走在非法邊境上。難道沒輒去對抗這些惡質吸血鬼，讓這市場恢復自由與正常嗎？雖然紐澳政府都有一定的機關去管制非法受雇，然而這樣的關係，不也是一個願打另一個願挨所造成，但我們真的就只能接受嗎？

　　曾經在網路上瀏覽這類別的討論，論述者忿忿不平的述出自己遭遇，卻有人冷眼看待、射出冷箭，讓好心分享變成了罪人，只因他們可能阻斷工作來源，讓新人工作難尋。甚至認為這些惡質黑工為他們提供工作，是澳洲的再世父母，即使苦毒一番仍得存有感激之心，只不過卻忘了是他們先壟斷你原本的工作機會。

　　本來，仲介者與尋職者之間應存在合作與尊重關係，然而**許多的黑工頭卻把自己捧的高高在上，尋職者卻得低身下氣的聽從指令**，讓本是擔任農場主人聘來的救火員，變成卑微低下工，難道我們就不能做一個有價值與有身份的打工度假者嗎？

　　可以的！**若是你能有一定的堅持與足夠的旅費，你就可以避免這樣的非法行為**。然而，當你拒絕的同時，卻有人撿起這樣的工作，讓你不得不屈就，不然你就可能苦等無工上，而落得窮途末路的回台灣。

有這種情形，請打控八控控

紐西蘭勞資單位網站：**www.dol.govt.nz**

勞資申訴電話：**0800-209-020**

此網站與單位提供非常完整的勞資相關資訊，若針對紐西蘭基本勞工薪資或是工作相關規定，可在此查詢到完整資料。若是你在紐西蘭工作遇到工資不公平等問題，可透過上訴電話詢問解決方法。

　　這算是打工度假的心酸，還是必經之路程呢？我想取決你用什麼態度與想法來看待這樣的黑工型態。畢竟就算你不做低價的黑工，其他的亞洲人士仍會搶在你前頭，甚至還會自降基本薪打亂行情，而這樣的惡性循環不再只有台灣客可以抑制。只不過，為什麼我們就不能別於其他亞洲打工客，做一個有價碼的快樂台勞呢？**當你拒絕這些惡質的黑工頭的同時，其實，你也在創造一個機會給下一個白工**，但若把持不住，你就成為了惡質黑工的促成者，也沒有權力罵黑工，因為你就是這非法行為的共犯。

旅遊中心不止有旅遊，工作受委屈或遇到危險也可以在此找到資訊尋求幫忙

何苦讓你辛苦勞力的報酬，變成惡質工頭吃香喝辣的錢呢

澳洲公平工作網：www.fairwork.gov.au

公平工作權申訴電話：131394

此網站與單位是 2010 年澳洲政府特別重新修整與開啟勞資服務的窗口。此單位除了提供勞資雙方各工作相關資料外，還會定期修整與公布各行業的公平基本工資，若想要瞭解自己是否被壓榨或是從事黑工，可至此網站查詢或透過電話詢問。

勞資小知識

　　當你有機會跟澳洲人同事一起工作時，你會發現澳洲當地人領的時薪比較高，這可不是基本薪資上的差異，而是給予的薪資會依照任職者的身份、年齡或是工作年資而有所不同，而當地居民也會有其他的加級補貼津，所以，澳洲人與打工族都是一樣的基本薪，但不一樣薪水。

工資分析表，以澳洲為主（金額以澳幣計）

	官方規定基本薪資	實際領薪	黑工（最低價碼）	透過仲介與工頭	說明
農場季節工	17 元起	17 元左右	12 元	13 元左右	澳洲勞資單位將各行各業一造屬性區分各職務基本薪資，因內容項目繁多，本表依打工度假者最常任職的工作做以分析，詳細資料內容可至澳洲勞資單位網站查詢，網址：www.fairwork.gov.au/Pages/default.aspx
一般雜工（如非特別職務的基層勞工）	14 元起	15 元左右	8 元	無資訊	
基層清潔工	14 元起	15 元左右	無資訊	12 元左右	
房務員	15 元起	17 元左右	無資訊	無資訊	
臨時勞力工作（如除草）	15 元起	17 元左右	10 元	無資訊	
工廠基層勞工（如食品加工、包裝等）	15 元起	15 元左右	12 元	13 元左右	
餐廳服務員與助手	14 元起	15 元左右	6 元	無資訊	

註：紐西蘭的基本薪資 2012 年調整為 13.5 元紐幣

我吸　　　　我擦　　　　我刷

黑工大解析

黑工的定義

黑工在法律上來説,指沒有工作許證,非法進行工作並獲取工資。若真如此,打工度假者有許可證又有税號還算是黑工嗎?其實,只要是領取的工資沒有進入税務局的個人所得收入中,就是幫助雇主逃税,也就是黑工。(打工度假的人,一定有工作簽證,一般官方説的黑工是沒有工作證的非法工作者,但一般打工族説的黑工是老闆沒有幫忙報税的低新工作。)

黑工判斷法

是否變成黑工,除了雇主是否要你填寫税號表外(沒有填寫就是黑工),所領的薪資是現金還是透過銀行帳戶。若是領現者,雇主應給你正式的薪資單據,並於每年報税時間前,將你個人所得匯入税務局資料中。若是領現、又有填寫税號單,卻沒有申報所得收入,這就是雇主逃税問題,不是你做到黑工,而是你的退税金額被雇主給私走了。有些人事先講明不報税,給多少現金,那這時你不但是黑工,也在犯法唷!若你被老闆敲詐或是所得有問題,可向紐澳政府的勞工單位反應,也可尋求中文服務。

黑工的下場

基本上因為你是合法工作者,工作都不算違法,倒是工頭會被罰上一筆大金額。做黑工可能要隨時面對工頭捲款而逃,或是做的半死薪資領不到。再不然就被亂七八糟的扣款,原本時薪 12 的摘果工,實領卻只有 10 塊錢。

很重要!

在澳洲有聽聞,有些韓國人申辦打工度假簽證到澳洲幹起賣淫工作,本來還有點不相信,直到回來看見某週刊報導,有台灣年輕人申辦打工度假簽證,**要留學卻留到澳洲妓女院去了**。有些經由台灣代辦打工遊學,代辦人員説先幫忙出錢讓你申請打工度假,還幫你找工作。不但可以還代辦費,還可以海撈一筆去遊學。這些不懂事的年輕人,就在不知情下簽下了賣身契,被詐騙集團要脅賣淫還債等等。

天啊!朋友啊!天下沒有那麼好康的事,**要在紐澳賺大錢只有一個方法,就是當苦工,還要身兼三份差**。代辦不會借你一筆錢,他們還擔心你登記參加後悔不去,請你給押金當違約金,怎還會借你一筆錢去打工度假呢?

委託代辦打工度假,是一道簡單的方式,若你想選擇代辦,就一定要選口碑佳、有朋友掛保證,或是承辦多年的。但説真的,從申請、出發到打工通通自己來,才真能體驗出別於一般遊學的打工度假。

完全找工大補帖

跟我這樣做，紐澳工作輕鬆到手

找工作說難不難，不是英文強、能力好，就可以順利找到好工作，而在於你有沒有勇氣踏出去、有沒有努力去找機會。以下是作者找工作的經驗，提供給各位讀者參考。

當我在紐西蘭

第一份差：透過仲介公司至奇異果包裝場工作

＊怎麼到手的：台灣背包客棧網站訊息

（網址：www.backpackers.com.tw）

第二份差：奇異果包裝場工作

＊怎麼到手的：背包客棧的室友、遊客中心提供的包裝場工作訊息

第三份差：二手店小雜工

＊怎麼到手的：主動登門詢問

第四份差：奇異果摘果工

＊怎麼到手的：至包裝場詢問摘果工作訊息，因為紐西蘭各個奇異果包裝場有固定合作摘果團隊，藉此可以獲取摘果工頭聯絡電話。

注意：奇異果採收與包裝過程，當果農將奇異果栽種至可採收時，需向當地農業單位申請採收，農業單位會派專員檢驗果子含糖量，合格後通知包裝場。包裝場會請合作的摘果團隊對去該農園採收。為什麼奇異果這麼麻煩還要檢驗？主要是因為奇異果是紐西蘭的出口農業的大品項，為了維持一貫標準，獲得好名聲，所以採高品質水準管理。

New Zealand

當我在澳洲

第一份差：透過工頭至草莓包裝場

＊怎麼到手的：透過朋友介紹的工頭安排，獲得草莓場包裝工。

第二份差：莓果類摘果工

＊怎麼到手的：在澳洲政府提供的 Job-Search 網站中獲得工作訊息，透過 Employment Plus 的就業中心協助尋求工作。

備註：Employment Plus 是澳洲政府專給學生或是想從事季節工的就業單位，無抽取任何佣金。因為這工作是直接由農場約聘，有時農場沒有提供住宿，或是住宿已額滿，透過此單位最好有車並有備帳棚較易獲得工作機會。（網址：www.employmentplus.com.au）。

第三份差：露營公園的小雜工

＊怎麼到手的：尋找住宿時順便詢問是否有工作可以提供

第四份差：旅行車假日公園房務員

＊怎麼到手的：透過當地旅遊資訊獲得各旅行車公園電話，並一一打電話詢問

第五份差：鄉村俱樂部的房務員

＊怎麼到手的：當地免費報紙，並透過電話詢問

第六份差：麵包坊包裝員

＊怎麼到手的：當地報紙，透過 E-mail 聯繫

注意：在紐澳各鄉鎮會定期發行當地報紙，通常可以在旅遊中心或是超級市場中拿到

第七份差：度假房屋清潔員

＊怎麼到手的：房東介紹

找工作用這 5 招

第 1 招：住到附近

目標設農業大鎮，打電話去當地的旅遊中心詢問，並在該農作物季節開始前一個月入住當地背包客棧或是工作客棧（Workingstay, Workinghostel,Workinghome）

註：這是專門提供住宿、工作訊息與上下班接送服務的地方。

工作客棧網址

紐西蘭：Backpacker Board

www.backpackerboard.co.nz/work_jobs/wwoofing_hostel_work.php

澳洲：WorkStay Australia

www.workstay.com.au/Home.htm

第 2 招：開車找機會

若你有車，除了可照上述方式尋求外，亦可透過澳洲提供的 Employment Plus 就業單位來尋求各地工作訊息。可至該單位網址查詢其在各地的位置，通常他們會位於農作物大城裡或週邊。需透過電話聯繫是否有職缺後，然後親自至該單位登記工作應徵資料表，完成工作應徵登記後，約兩週左右會通知是否有工作，而這段等待時間你可以在當地找個臨時住所，或是在當地挨家挨戶的詢問是否有農場工等。

第 3 招：葵花寶典黃頁簿

查尋紐澳各地的農場或是飯店電話與地址，可透過當地的黃頁簿（像台灣中華電信定期發行的商家的電話簿聯絡），然後一一打電話去詢問是否有工作機會（黃頁簿可在遊客中心、圖書館、背包客棧、青年旅社等都會提供借閱）

第 4 招：網路關鍵字

透過網站搜尋農作物包裝場或是農場摘果，可打關鍵字「Pack House Australia / New Zealand」（包裝場）or 「Picking Australia / New Zealand」（摘果）搜尋。

第 5 招：官方網站

紐西蘭就業輔導局之工作搜尋連結網

（New Zealand Career Government, Job vacancy website）

網址：www2.careers.govt.nz/job_search_jobs.html

澳洲政府求職資訊網（Australia Government Jobseekers）

網址：australia.gov.au/people/jobseekers

備註：此兩網站為當地政府所提供，其中包括各式各樣的工作求職網站連結。包括餐飲業、季節性工作等。

隱藏版絕招

除了老套的掃街登門上訪、尋求報章雜誌外，其實你也可以到超市裡去翻翻每一個已包裝好的農作物後方的身份證（產品明細貼紙），通常會有地址與包裝場電話，藉此獲得農場工作訊息！而摘果工亦可由包裝場獲知摘果農場的工作訊息。

5 Tips

【特別收錄】
資深女工教學示範

話説想在紐澳飯店做房務員，沒有經驗可是很難到手。最好你能夠在台灣學一學，在應徵時，一定要寫上有經驗，錄取率才會高。但可別亂蓋，飯店可是會考試並請你來示範。不管如何，想當房務員，至少知道要清什麼，重點是鋪床程序一定要會，而廁所的毛巾就不一定要會折（畢竟飯店大不同，有些只要將毛巾與浴巾掛在架子上就好，但面試者問起廁所浴巾置放問題，就跟他説依各飯店規定掛在適當的位子。）

鋪床示範：

1 床單

共計需鋪上兩層床單，第一層直接鋪在床墊上，需兩側長度大致相同。然後將床墊頭部部分的床單折入床墊下。第二層需將放置頭部部分的床單對齊床，兩側床單長度也需大致相同。

2 毛毯

在床單鋪好了，鋪上毛毯，在床墊放枕頭地方，將上層床單與毛毯重疊折起成約 30 公分寬度後，將兩側折起的部分塞入床墊下方，在順著床墊邊緣將其他的部分也塞入床墊下，並在腳底面的床角部分將毛毯與床單折入床墊中，成為一個三角形狀。

3 棉被

最後鋪上棉被並將枕頭放入睡覺的頭部地方，其枕頭置放需依狀況而分，有些需放在棉被上，有些則是將枕頭折入棉被的頭部中。

發財地圖挖挖挖

澳洲

澳洲地大物博，氣候影響農作物種類，
共有以下類型：

草原　沙漠　亞熱帶　熱帶

暖帶　近赤道

秋冬往北方走

秋天：4月至6月
冬天：7月至9月

北

南

達爾文

北領地
North Territory

西澳
Western Australia

昆士蘭
Queensland

南澳
South Australia

布里斯本

New South Wales
新南威爾斯

伯斯

雪梨

墨爾本

維多利亞
Vitoria

塔斯馬尼亞
Tasmania

春夏往南方走

春天：10月至12月
夏天：1月至3月

想知道澳洲各區詳細的農作物清
單與收成月份？請參考 P.50 說明

紐西蘭

季節性工作按地區不同有高需求與低需求，以顏色區分：

| 無 | 低 | 中 | 高 |

Northland 北島

盛產：奇異果、柑橘、酪梨

旺季月份：1、4、5、6、7

Bay of Plenty 豐盛灣

盛產：奇異果、酪梨、柑橘（此區為全紐最大奇異果栽種區）

旺季月份：4、5、6、7、8

Waikato 懷卡托

盛產：蘆筍、蘋果、奇異果、草莓、西洋梨

旺季月份：4、10、11、12

Nelson 尼爾遜

盛產：葡萄、蔬菜、莓果類（全紐第二大蘋果產區）

旺季月份：2、3、4

Hawke's Bay 豪克斯灣

盛產：蘋果桃子類、西洋梨（紐西蘭水果最大產區，全年有工）

旺季月份：2、3、4、5、11、12

Marlborough 馬爾堡

盛產：葡萄（全紐最好與最多葡萄酒的地方）

旺季月份：6、7、8

Wairarapa 懷拉帕區

盛產：橄欖、葡萄

旺季月份：4、6、7、8

Central Otago 中央奧塔哥地區

盛產：葡萄

旺季月份：1、4

紐西蘭農作物摘果工作網站
www.picknz.co.nz

49

找澳洲季節工，就看這一本

National Harvest Guide(國家農作物指引手冊)

怎麼拿（紙本）：各地旅遊中心都可免費索取
網路下載（電子檔）：http://jobsearch.gov.au
怎麼用：請看下面圖解說明

手冊內頁示範說明

產區簡介

旅遊相關資訊

告訴你何時去
與收成月份。
例如 2-3 月是
荔枝，4-9 月
是堅果、酪梨

怎麼去？

地區分類。例：
新南威爾斯

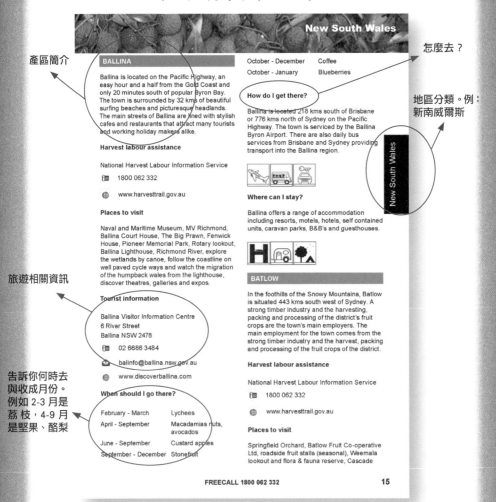

New South Wales

BALLINA

Ballina is located on the Pacific Highway, an easy hour and a half from the Gold Coast and only 20 minutes south of popular Byron Bay. The town is surrounded by 32 kms of beautiful surfing beaches and picturesque headlands. The main streets of Ballina are lined with stylish cafes and restaurants that attract many tourists and working holiday makers alike.

Harvest labour assistance

National Harvest Labour Information Service

1800 062 332

www.harvesttrail.gov.au

Places to visit

Naval and Maritime Museum, MV Richmond, Ballina Court House, The Big Prawn, Fenwick House, Pioneer Memorial Park, Rotary lookout, Ballina Lighthouse, Richmond River, explore the wetlands by canoe, follow the coastline on well paved cycle ways and watch the migration of the humpback wales from the lighthouse, discover theatres, galleries and expos.

Tourist information

Ballina Visitor Information Centre
6 River Street
Ballina NSW 2478

02 6686 3484

balinfo@ballina.nsw.gov.au

www.discoverballina.com

When should I go there?

February - March	Lychees
April - September	Macadamias nuts, avocados
June - September	Custard apples
September - December	Stonefruit

October - December	Coffee
October - January	Blueberries

How do I get there?

Ballina is located 218 kms south of Brisbane or 776 kms north of Sydney on the Pacific Highway. The town is serviced by the Ballina Byron Airport. There are also daily bus services from Brisbane and Sydney providing transport into the Ballina region.

Where can I stay?

Ballina offers a range of accommodation including resorts, motels, hotels, self contained units, caravan parks, B&B's and guesthouses.

BATLOW

In the foothills of the Snowy Mountains, Batlow is situated 443 kms south west of Sydney. A strong timber industry and the harvesting, packing and processing of the district's fruit crops are the town's main employers. The main employment for the town comes from the strong timber industry and the harvest, packing and processing of the fruit crops of the district.

Harvest labour assistance

National Harvest Labour Information Service

1800 062 332

www.harvesttrail.gov.au

Places to visit

Springfield Orchard, Batlow Fruit Co-operative Ltd, roadside fruit stalls (seasonal), Weemala lookout and flora & fauna reserve, Cascade

FREECALL 1800 062 332　　　　15

* 本頁面頡取自 National Harvest Guide
* 本手冊非萬能，主要功能在於提供各地農作物採收資訊，讓你可以在適當時機到當地去尋工，不是幫你找工作

FREE ENGLISH
CLASSES

For Beginner, Intermediate and Higher levels.

4-week course
Monday to Friday
1:15 – 3:15pm

WHEN

January 2 – January 30, 2009
February 6 – March 5, 2009
March 13 – April 9, 2009
August 3 – August 28, 2009

HOW TO ENROL

You cannot book before the course

You need to **come to the lounge on the 1st floor,**
Milner College at 2:00pm on the first day of
course, and do a writing test.
The course tutors will choose ... is required.

There are limited seats avail... ...nately, we
cannot accept eve...

WHERE

Milner International College
1st Floor, 379 Hay Stre...
...th WA 6000

Near Victoria Aven...

ENQUIRIES

Phone Betty on ...4

免錢的
雄贊啦

天下真的沒有白吃的午餐，以
為出國回來英文就會變好嗎？
你做夢。還是努力一點，打聽
好那邊有免費的英文課，拿起
課本好好當個乖學生，你的回
報就是英文變的嚇嚇叫。

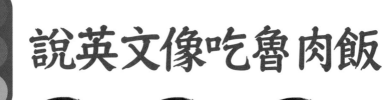

說英文像吃魯肉飯

　　老哥突然從台灣打了通難得的電話來，說要打工度假學英文，可別回來只會羊咩咩語。這話聽在打工度假者的耳裡，還真酸！不可否認，的確有許多人花上一、兩年時間，英文卻沒多大進步，辜負家人所望。

　　當在異國忙於工作與旅遊，沒有閱讀、沒有理解，這樣的打工度假絕非能夠快速增長自己的英文能力。然而沒有一定的英文基礎能力，即使你放下半年時間進修，不從事工作進入語言學校就讀，英文能力也絕非會突飛猛進。除非你有天分，不然就是夠認真，死命卯起來讀英文！

　　若沒有一定程度的英文能力，打工度假學英文的進展將不大。這是因為打工度假的環境裡，英文好的打工族，可以透過基本功力，來到這裡練習聽與說。即使在農場裡工作，至少你還可以用英文與農場主人、外國打工族、工頭交談。然而一般英文程度不佳的打工者，即使安排了短暫的英文課程，但也因為英文能力很初級，需重新學起簡單對話，花上半年進步也會有限。就算是在全英文環境，沒有厚臉皮與愛現的本事，就算學會了些英文基本會話，最後也可能只聽懂一點，說起英文結結巴巴、里里拉拉（台語，零零落落）。當然也有些英文程度很好的打工族，卻因為不願花時間練習與學習，沒進步反而還倒退嚕（退步）。

沒能力就要夠努力

　　許多來打工度假的人，總是以為一夕就能提高自己的英文能力，渴望想要有明顯進步的捷徑。尤其身處工作中，無法練習與學習的狀況下，倍感無力，甚至認為打工度假並無法提升多大的英文能力，而放棄學習的動力，拼命打工然後旅遊去。

　　語言的學習絕非是把自己丟在英語系國家裡，就可以**期望自己從打工度假中，就能讓英文很快變好，真是天方夜譚**。然而，若你有一定的基礎功力，甚至程度為高級班，配合一定的英文學習課程或自習空間，你的英文進長會隨著你的基礎功力倍數成長。這時，打工度假就成了便宜又可以賺錢旅遊的快速英文學習管道。

　　在短暫的一年半載打工度假生活裡，若不學習、不練習、不做習題，即使有再好的英文基礎能力，這場英文學習之旅很快就會變成一場空。最後，只好拿起異國旅遊照片來慰勞自己與說服他人，說那是打工度假的價值，即使體驗異國生活的價值可能遠遠勝過英文學習，但卻忘記提升英文能力也是曾經計畫的目標之一。**所以不管基礎能力好不好，夠努力才是英文變好的關鍵。**

善用免費資源

　　城鎮裡的圖書館，有些會提供免費的英文學習課程，甚至還會定時安排英文教學與解惑時間，讓你可以一對一的練習英文。如**布里斯本的圖書館裡，在特定時段中就會安排老師進駐，免費教學**。尤其是紐西蘭的工作人員，熱情又熱心，當你有什麼不懂，都會不吝嗇的為你解答。像是我之前待過的紐西蘭奇異果小鎮 KATIKATI 的圖書館即是如此，而他們也會不定期的開立英文學習課程，價格也會比學校的課程便宜。

在伯斯的「Milner International College」英文課程，結束時還可以參加學校貼心安排的餐會

在布里斯本的圖書館裡，時常可見來自各國的背包客，席地而坐，享受免費上網服務，還可以順便上上免錢的英文課程。

在布里斯本的某基督教會，定期舉辦免費英文學習課程，參加當日還可以享用免費的台式料理晚宴

既然帶著滿滿的英文書籍來，就別忘了是要來認真學英文

其它免費的英文學習課程，如在伯斯的 Milner International College，每年 3～5 月間，就有免費英文學習課程。但因報名人數眾多，該單位會事先能力測驗與面試，最後錄取者才可以參加免費的課程。雖然該課程為最基本的英文教學，適合初階的英文學習者，但至少**可練習英文，又可以結交到其他打工度假的伙伴，還可打聽到許多工作資訊呢！**

也有一些民間單位，尤其是地方的教會，為了增加信徒與推廣該宗教而設一些可以學習英文的免費課程，吸引年輕學子前往。其中時常可見到日本、韓國與台灣三個國籍的朋友。即使紐澳四處林立著可以學習英文的環境與課程，處於打工又度假的背包客，時常會因為賺錢生活與旅遊，而失去了原本來到這裡的核心目標與計畫。若能夠持續的堅持，我想一年內的英文能力成長，一定會超乎自己的想像。

偽裝老外 祕

1 幻想自己是電影主角	自己當編劇做主角，寫寫明天要說什麼、去哪裡、做什麼，要與誰說什麼的英文劇情對話，然後找人練習英文聽與說。
2 為什麼為什麼煩死你問法	既然隨時都有英文老師，就得把握打破沙鍋問到底的機會。當碰到有說與寫的問題時，要常問：「這樣寫或說對嗎？」然後一定要再接著問：「那你會怎麼說或寫？」或對方跟朋友討論此話題時，會怎麼說與寫？重點別忘了問為什麼。
3 當地書報學習法	不如放棄原本舊書籍，只保留文法書與字典，買份報紙或是拿份免費報，找個時事專欄閱讀後與當地人討論，你就會發現所閱讀來的內容是否與真實有落差了！甚至藉此可以分析語法與用法的差異。
4 換工學習法	若是一年半載都在同一性質的公司，永遠都只學到一樣的那些對話。除非你換了又換工作內容或性質，才會接觸到不同的用語。真要透過工作學好英文，得懂得四處兼大同小異。
5 隨身帶字典的採購學習法	若想極大化單字量，採購時帶錢包也要帶字典。有時蔬菜或生活用品會有不同用字表示，透過字典翻譯不但可以得到其單字屬性相同的同義字外，還確切獲知該物品較貼近的中文名。

學澳客說英文

「你可別去學了一口澳式英文回來，那腔調那說法不見得在台灣聽得懂！」這是一段大學時期的麻吉老師在出國前的其中一段祝福話。「ㄟ！你可別去澳洲把自己的美式英文給搞砸了，然後說的四不像的英文回來。」這是另一位麻吉朋友對我的良心忠告。

澳式英文，說真的對我們這些從小學美式英文的台灣客來說，學習與應對上增加了不少的困難度與挫折。畢竟，不同文化與發音造就許多用法的不同。然而，這些澳式英文用法是否適用於台灣英文環境，答案是：不一定。真的用了還會被道地的美式英文老師給糾正一番。

現在澳洲許多兒童學校的英語教學，尤其針對非英語系國家，因移民或是工作的小孩，老師們會將美式、英式與澳式英文的慣用語做以分析，讓小朋友容易理解為什麼同樣是英文卻有不同的發音、慣用語與俚語等。

這樣的教學模式像是應用外語學系教授的語言學，然而，聽起來乏味的語言課程，包括了**地理環境的變遷、文化差異而造就出的區域性語言不同，反而讓人覺得有趣**。就如澳式老師說，英文的森林叫做 Forest，但這森林裡有高樹、有草叢、有動物、有河流、有雨林，也有部分的濕地，但澳洲裡的森林有什麼？荒野沙漠旁的零星樹木與樹叢，沒有多少湖水，所以我們叫做 Bush，來象徵乾燥的森林。所以，澳洲常用 Bush 來象徵森林，而美式則用 Forest。若當你回台灣說森林的澳式英文時，說真的，不見得會有人聽得懂。

然而，**學澳式英文好嗎？**我想基本上都有一定的用處與學習價值，畢竟**字型相同，文法一樣，只不過習慣用語與發音有些許不同**，時常讓人混淆而誤認為不適用。就如你到中國學中文和到台灣學中文都會有不同的差異。

一樣的道理，現今澳洲也有意將自己國家的語言定位為澳式英文，由此可見，你應可猜到英文的用法有多大的不同。若你堅持要學好澳式英文，建議你也得弄清美式英文，因為台灣說的幾乎是美式英文。免得混淆後的澳美英文讓人聽的霧煞煞。

Inter-party consultations to be taped in full

不要以為澳洲人不知道他們的英語有多麼不同，市面上有很多版不同的澳式英文教學書，就連英文字典也很澳式

Kuomintang wants," said a DPP heavyweight, who refused to be named.

For one thing, government officials asked to testify before the consulting lawmakers may not tell the truth, if they know what they say would be fully made public.

"You know," the lawmaker said, "only those controversial bills need inter-party consultation. Officials dare not say what they really think is right, if the TV camera is on them."

As the period of consultation is shortened, the DPP legislator said, "more lawmakers will demand more inter-party consultations, jamming the Legislative Yuan agenda."

CBD=Central Business District

The China Post news staff

Taiwan's top security body yesterday dismissed a report that the military's upcoming war chess would drill a scenario where President-elect Ma Ying-jeou was assassinated. The National Security Council (NSC) described the Next Magazine report as unfounded, irresponsible and with a political agenda.

Next claimed that the war chess, to be conducted later this month, would assume that Ma's assassination would plunge the nation into chaos and trigger a surprise invasion by China. The drill was meant to see how different government and security bodies could cope with such a situation, and how Taiwan would interact with the United States, the

More genes found related to Parkinson's in Han Chinese

當走進大城時，總會看見地圖上秀著 CBD，也會聽著人們說要 CBD，然而 CBD 到底是什麼意思呢？原來這是澳洲人稱他們的商業中心的簡稱是 Central Business District，也就是一般我們常說的 Downtown 或是 City Central（市中心）。圖為：雪梨的商業中心樣貌。

as Parkinson syndrome, is a degenerative disorder of the central nervous system that often impairs the patient's speech and movement.

A group of experts from Taiwan, Singapore, Japan and the United States have already reported other Parkinson's-related mutations linked to LRRK2, and has found correlations between different ethnic groups and individual mutations. For example, the experts found that LRRK2-G2019S is a common cause of Parkinson's among Berber Arabs and Ashkenazi Jews.

In 2004, the group reported that a mutation, G2385R in LRRK2, is linked to Parkinson's in Asians, especially Han Chinese. Individuals

in Taipei and the Mayo Clinic in Jacksonville, Florida.

On the newly found R1628P, Wu Ruey-meei, director of NTUH's Center for Parkinson's and Movement Disorder, and a participant in the study, noted that LRRK2-R1628P mutation could also double the risk of Han Chinese developing Parkinson's syndrome. Japanese, who were also a target group in the research of 2007-2008, showed no indication for such a mutation, he said.

The incidence rate of R1628P mutation is estimated to be three in 100 among Han Chinese, Wu said, adding that this mutation might be have been passed down some 2,500 years ago.

Fugitive ex-Hs

TAIPEI, CNA

Former Hsinchu County Council Speaker Huang Huan-chi returned to Taiwan and was taken into custody Tuesday after fleeing to China two years ago, following his sentencing to eight years in prison on corruption charges, judicial sources said yesterday.

Following unsuccessful kidney transplant surgery in China, Huang recently informed Hsinchu County police that he would be

elections in December 2001 as a candidate of the Taiwan Solidarity Union. He ended up losing the election. In that race, Huang was

flee to China to avoid serving his prison sentence. He was then placed on the Hsinchu District Prosecutors Office's wanted list

澳、美英文比一比

澳美英文的差異除了以下資料外，尚有澳洲各地俚語、慣用語與發音不同，
僅列出局部參考（註：澳洲人自稱 OZ，紐西蘭人常叫自己 KIWI）

中文名稱	Australian English	American English	說明
秋天	Autumn	Fall	這兩個字都是能是秋天，只不過澳洲慣用 Autumn，若你講 Fall，OZ 可能還會愣一下，然後跟你說：「I can't understand you.」
森林火災	Bush Fire	Forest Fire	Bush 和 Forest 在字意上都泛指森林，然而其中的差異來自於森林的樣貌不同。Bush 指為較乾旱型的叢林區
藥妝店	Chemist Shop	Drug Store	藥妝店一般在澳洲也有用 Pharmacy
爸爸	Dad	Pop	Pop 在澳洲的口語意思是阿公或爺爺
毯子	Doona	Duvet	對於想來澳洲做 Housekeeper 的人一定要弄懂這個字，畢竟他們不說 Duvet，而 Doona 又在美式英文裡查不到字意唷
電影明星	Film Star	Movie Star	凡是跟電影有關的人事物，OZ 一般會用 Film。但 Movie 他們也聽的懂啦
結束	Finish	Quit	一般在打工度假者因有時間限制的關係，在離職前或是你策劃要離開的時間，一般都用 Finish，例如 I will finish this job next Monday.（我將在下個星期一離開這個工作）
假日	Holiday	Vacation	一般度假在 OZ 很少聽到說 Vacation，不管是度假還是休假通通是 Holiday
電梯	Lift	Elevator	電梯原來可以這麼簡單，想在澳洲找電梯可別說 Elevator 他們真的會聽不太懂，雖然他們可能懂這個字，但不常用，聽到的時候也得想一下你要什麼
蚊子	Mozzy	Mosquito	其實 Mosquito 也聽得懂，只不過 Mozzy 是他們慣用的俚語
郵遞區號	Post Code	Zip Code	在紐澳可是見到不 Zip Code 這種說法的郵遞區號唷
電源插座	Powerpoint	Wall plug	還記得剛到紐西蘭的時候，就是找不到電源插座的用法而與房東雞同鴨講了起來
垃圾桶	Rubbish Bin	Trash Can	有時候在紐澳你還是可以看見 Garbage Can or Bin 或是 Litter Bin 來表示垃圾桶
日光浴	Sunbake	Sunbathe	或許是因為澳洲的太陽大，日光浴就顯的與眾不同
水龍頭	Tap	Faucet	一般紐澳的水龍頭水可以直接生飲，但有部分地帶也得要靠過濾才行，如南澳
手電筒	Torch	Flashlight	這兩個字意對紐澳人來說都可以用，但當你說 Flashlight 的時候他們會跟你說我們這裡說 Torch
抱怨	Whinge	Complain	Complain 在紐澳也是慣用，但朋友聊天或是口語中，通常會用 Whinge
休息一下	Smoko	Coffee Break/ Tea Break	當你在紐澳當季節工，一天總會有一、兩次的休息時間，可以喝杯咖啡，吃點小點補充體力。這裡主管就會在休息時間一到時，大聲喊「Smoko!」
停車場	Car park	Parking lot	在紐澳幾乎很少見到 Parking Lot 來做為停車場，若想要找停車位，可記得要找 Car Park
汽油	Petrol	Gas	一般在澳洲看見的 Gas 是指瓦斯，像是添加瓦斯的商店等，而加油站幾乎 Petrol Station
再見	Ciao	See You	不管是 Goodbye 還是 See Uou 這裡一樣都是說再見，只不過文化混合後，連義大利文的 Ciao 也變成 OZ 說再見的方式之一了
謝謝	Cheers	Thanks	Cheers，在 OZ 的年輕人裡最常聽到，是一種地方習慣用語，但一般謝謝還是用 Thank You 較多

人人是食神

猜猜讓打工族在異國求生中，感到最煩人頭號事項是什麼？不是找工作、不是學英文，是料理這檔事。因為你每天得要為今天、明天、後天、以後的每一天的三餐想半天，到底要吃什麼？

一切自己動手做

別以為外頭買就有，**當你在荒郊野地，人煙就已經夠稀少了怎還會有外賣店呢**！好吧，那在市區工作總不會有這個問題？紐澳最便宜的外食是麥當勞，一餐最低價 6 塊錢起跳（約 165 元台幣），你吃的下嗎？

只好每天卯起來為自己做三餐，但又不能每天只有泡麵、炒義大利麵、麵包過日子吧？學料理這時就比學英文來的重要了！不管男人女人這時通通搬出自己的家常絕活，會料理的人就突然就變專家，不會料理的人看著煮著最後也會變成意想不到的料理高手。

記得剛到澳洲找麻吉同學時，有天突然說要請我吃頓家常飯。說真的只要想到一年前去墾丁跨年時，他加了半包鹽毀了整鍋燒酒雞的印象來看，要保命就應該不要輕易嘗試。但又不好拒絕他的好意，只好懷著忐忑不安的心，join 他的家常菜晚會。

鹹死人小姐變阿基師

終於到了用餐時間，天阿！好青超嗨！桌上有魯雞腿、魯豆腐、魯蛋、蒜炒高麗菜、麻油雞絲蛋炒飯，還有一鍋麻油香菇雞湯。挖靠！吃了不就中風了嗎？如果他還是不懂得調味的話。想不到口口驚豔，好吃得不得了！怎樣？他是有偷偷跑去上料理學習專班，還是打工度假會讓女人變好媳婦呢？原來媽媽有偷偷教，透過越洋教學，本來在台灣十年都學不會的媽媽牌料理功夫，兩個月瞬間學成一半，真的很厲害！

但是可不是每個媽都那麼行，像

在背包客棧裡，總是會有不定期的聚會，這時就得要貢獻一樣家常菜啦

澎湃

澎湃

有位紐西蘭打工友 Ally 打了越洋電話跟他老媽抱怨，每天就吃蛋炒飯配高麗菜，不然就是配青花菜，要他老媽傳授幾道料理來幫幫忙。結果問起馬鈴薯、紅蘿蔔、洋蔥怎麼做料理呢？他媽居然要他放棄馬鈴薯，因為他老媽說不會煮，而紅蘿蔔和洋蔥就炒蛋！Ally 說，我現在每天都在吃蛋，還要炒蛋阿！**這裡到處都是馬鈴薯還叫我不要吃馬鈴薯，是要我餓死唷！**

說真的，不吃馬鈴薯是不會餓死，只不過這裡最便宜的蔬菜就是西方料理的標準三寶：馬鈴薯、紅蘿蔔、洋蔥，若想放棄這三寶就得有雄厚資金採購其他蔬果。只不過一小把芥蘭要 60 元台幣，**一小包豆芽菜要價台幣 80 元！！！一顆（不是一包唷）香菇要價 15 元台幣**，再雄厚資金也不一定撐的下去。

為了自己的三餐已夠煩惱，有時還得靠料理來交際應酬，這料理就不能隨便做了。加上那些老外不知從哪打聽來的消息，認為中國妞就是很會煮。讓我們這些愛面子的台灣女，為了不丟台灣的臉，卯起來上網查食譜，開始現學現賣了起來。

打工好友生日了，想買個現成蛋糕下不了手，DIY 時間到，想不到我們也可以做出像樣的像樣的蛋糕

第四章…生活停看聽

噗噗噗

噗..噗

呼...

......

在家靠父母、出門靠朋友，若
遇到警察，可千萬不要跑啊！
不止開車走路會遇到紅綠燈，
異國生活狀況可多的很。包括
工作技巧、感情生活、語言學
習、旅遊需知……，掌握3種
燈號，保你紐澳生活一路平安。

安心上路？

　　不管是在澳洲還是紐西蘭，買車是許多打工度假族一定會考量到的問題，畢竟「No Car No Work」。不論是找工作，還是旅遊，有車子是最便利與最節省開銷的方式。但這裡的一切狀況與台灣截然不同，舉凡駕駛方向、行車規定或是交通規則都得要花上一段時間才能適應。

　　勇敢的打工者，真不知哪裡來的膽量，即使在自己的國家是無車主，就拿著好幾年前獲得的台灣駕照，買了車子就直接飆上速限 100 公里的鄉間道路。哪管巷道窄小、路彎曲，只管踩著油門勇往直前，造下可怕慘局：撞車。**較幸運的人雖毫髮無傷，卻也得支付在紐澳辛苦所賺的所有薪資**。有些人，還得讓家人面對悲慘的畫面。

瘋狂港仔追追追

　　就如有次在紐西蘭的驚險親身體驗，我們一夥人共同搭著一個香港來的朋友的車，要到包裝場附近鄉鎮去泡溫泉。就當一夥人開心且滿足的離開溫泉區時，不知道是什麼原因，開車的香港朋友，帶著我們衝向道路兩側的柵欄。還好老天保佑，平安無事，只不過我再也不敢坐這位香港朋友的車子。事後才得知，這位香港朋友在來紐西蘭前從未開車過，而他居然有膽量，在紐西蘭彎曲起伏的公路上飆車！這還不打緊，更讓我驚心的是每天為了搭便車到包裝場工作的室友們，即使連續驚悚小意外，為了節省開銷與賺旅費，每天就像在玩命一樣的處於危險中！

小心動物可不是件小事！畢竟有太多的車禍案例都是拜這些可愛的小動物所賜，撞死小兔子是小事，撞到牛羊可能會翻車出人命，那撞到袋鼠與無尾熊呢？唉！難過死了！

拉風、神氣喲

實在為他們慶幸，在包裝季節結束後，他們平安無事。只不過，這樣的好運事是否人人有，就不一定了。就在半年之後，其中一個搭港仔便車的朋友後續稍來消息，她在紐西蘭開車旅行中，因雨天視線不佳，發生了車禍。還好人無大事，但車子毀了，花了大半時間奔走於法院與警局，讓他受了不少苦。即使現在他變的更獨立，然而，誰都不願見到如此意外案件。這又再次讓我看見打工者那種令人擔憂的傻膽量，不禁讓人懷疑起，**買車是享樂還是在玩命！？**

當然，大部分在這擁有車子的背包客，是平安的度過每一個有車的日子。只不過，這些平安的過客，我想都是謹慎且有經驗的開車族。

Q&A

1. 一定要買車嗎？不是説 No Car No Work?

有車好辦事，找工作較輕易，旅遊也可以較隨意。但沒有車子有沒車的打工度假模式，打工族沒有車子比有車族還來得多。所以，沒車一樣在紐澳活的嚇嚇叫，只要**透過工頭、仲介、大眾運輸來幫忙解決上工問題**，而旅遊可跟團或是搭乘便宜的旅遊巴士進行遊樂。

2. 租車要小心的事情？

許多沒買車的打工族，在旅行或是移動時會一同邀伴租輛車旅行，若想租車建議尋找大租車公司有保障為主。較需特別注意部分則在於保險與行車公里數限定。

A. 保險：**建議保全險**，這可以避免行車問題與事故發生時的繁瑣糾紛，也不會因前車主烙下的擦傷痕跡歸咎於你，也不會因為肇事需要賠償的費用問題搞的破產。

小心點啦

B. 保險內容：就算保全險，有幾條合約要特別留意，因為保險理賠一般不含在石子路段發生的意外，以及擋風玻璃損壞。所以**記得要加保「石子路行駛」與「擋風玻璃損壞」兩項**。因為紐澳石子路段非常多，若是要一看紐澳真正美景都得行駛石子路，而石子路則是肇事最高路段，其會車時又易濺起石子打破擋風玻璃。

C. 行車公里數：一般有限制的租金較為便宜，適用於短程且目的地確定的行程。若是環遊澳或環紐，則選擇無限制公里數為主。

3. 到當地開車要考當地的駕照嗎？

只要用台灣發出合格並有效的國際駕照即可在紐澳租車、買車與行車。但須準備台灣合格並有效的汽車駕照正本做備查用。

4. 單車會很貴嗎？若從台灣帶小折過去呢？

基本上一輛新的普通單車約澳幣 600 元左右（約台幣 17,000 元），二手還不賴的約是 150 元澳幣左右（約 4,200 元左右）。說真的，一般打工族不會從台灣攜帶小折或單車至紐澳，除非有計畫單車旅行而帶較耐操有檔頭的單車來紐澳，但這類型的人並不多。畢竟這不是一趟短期的旅行計畫，你得準備一年份的行李，又得受限於行李重而斤斤計較分微行李重量，而且還不能帶行李箱，畢竟小折可載不動大行李箱。所以**大部分想擁有一台單車的打工族，一般會到當地購買二手單車**，而非從台灣帶單車過來。

有車的打工族，行走於紐澳中總是避免不了礫石子路段。畢竟這石子路在紐澳時常可遇，若碰到這石子路段，可得小心行駛並減速慢行，若不小心打起滑來，可是像人走在一堆彈珠上難以控制

紐澳行車資訊大補帖

汽車族

1. 駕駛座在左邊：澳洲駕車方向與台灣相反，凡事靠左行駛。若碰圓環或是轉彎時，則需右邊行駛。（紐西蘭在轉彎車道的禮讓與澳洲相反，需禮讓左邊行駛，但遇圓環則與澳洲相同，右方先行。）

貼心小提醒：剛開始來到紐澳駕車時，亦因為習慣右靠而發生意外。剛開始駕車於紐澳間，建議有人同車一同注意與提醒靠左行駛，若一人駕車尚未習慣者，建議張貼注意左靠的標語，來提醒自己。

2. 行車速限：在紐西蘭的最高速限為 100 公里，入城後則在 50 ～ 70 公里間。澳洲一般最高速限在 100 ～ 110 間，而入城後則是在 50 ～ 70 間。有部分路段無速限標誌，但因道路有石子與高溫關係，讓輪胎易受損，建議當遇無速限時還是慢行為妙。

3. 安全帶：紐澳行車不管前後座都得繫上安全帶。

4. 入城注意事項：一般測速照相會在市區與近郊內，郊區一般是流動警察安裝測速，建議不要挑戰紐澳警察，依速行駛為妙。而市區內有設置斑馬線部分，遇行人通行，需讓行人先走。

5. 停車規則：紐澳地區在可停車的區域會秀上停車標誌「P」，然後在 P 的下方註明可以停車的時間與限制。紐西蘭大多以分鐘制，澳洲則多為小時制。如 1P 為 1 小時，1P 08 ～ 17 則是在 8 點到 5 點可停 1 小時。若是碰到停車標誌牌下寫「meter」或是「ticket」就是要繳費停車。若碰「＄」的紅色標誌則是不可以停車。

6. 開車時不能做的事：不可以講手機、不可以喝酒、不可以嬉戲、不可以睡覺。

7. 緊急應對：在紐澳常有汽車被動物襲擊案件，當遇見動物行走於於路中央時，若高速則減速不可閃躲（你沒看錯，不能閃躲！因為時速太快了，只能跟那些動物說再見），若在高速下閃躲，可能會撞上對方

來車或是造成翻車事故。若是慢速行走，則盡量減速停下，再閃開。

8. 保險一定要： 若是決定買台車或租車，汽車保險不能少，就算購車登記時或是租車時都有第三責任險。真的發生意外的時候，含在牌照稅裡的保險只是賠償傷亡，汽車損壞的理賠一概不含，這時你的打工旅程可能就得結束還得負債纍纍呢！建議加保：第三責任險和道路救援。保險公司有信用良好的：RAC 保險公司 (www.rac.com.au)。

9. 駕照很難拿： 在澳洲的路上，常可見到車子後面貼著一張「P」的標誌，這可不是特有的停車標章唷！這是要取得澳洲駕照前的實習駕照（probationary Licence）。在澳洲取得駕照可不是一天兩頭的事，更不是一個月能獲取，你得通過線上考試外，還得有人陪駕一個月，通過學習日期後取得準備的標章，行車半年後才可取得駕照。

＊備註：澳洲各洲省有些不同的交通規定，若想要瞭解更多可上各洲省的交通局網站查詢。

維多利亞省交通局網站：www.vicroads.vic.gov.au
塔司馬尼亞交通局：www.transport.tas.gov.au
新南威爾斯州：www.rta.nsw.gov.au
昆士蘭洲：www.transport.qld.gov.au
南澳：www.transport.sa.gov.au
西澳：www.mainroads.wa.gov.au
北領地：www.nt.gov.au/transport

單車族

1. 行車配備： 在紐澳騎單車，一定要「戴安全帽」，再來就是單車前後除了都得裝上反光片（一般單車都會裝）、車鈴鐺（喇叭）外，反光燈（前後車燈）也是一定要的。

2. 注意事項： 不可行走在人行道上，除非有單車行駛的標誌。

全世界的警察都

　　到底誰說當你在澳洲觸犯了交通規則，就抱著外國人心態，假裝聽不懂的哈拉應對？誰說澳洲警察會因為你的語言不通而放你一馬，只因他們很怕麻煩？我幾乎用了所有在網路上前輩的應對方法，不但沒有成功，還差點就要進警局去，還真是 OOXX…！

　　到底發生什麼事？一早被急促的敲窗聲叫醒，是高大的澳洲警察。**原來我停的地方是不准睡覺的，只不過這裡沒有任何的禁止標誌啊？**本來還很得意的認為找到個好地點，可以睡免錢。結果錢沒省到，還被警察 Morning Call，而這服務的費用 140 元澳幣（約台幣 4,000 元）可以讓我在 Caravan Park(旅行車公園) 的高級營地住上近一週！

　　真不知道因為裝作聽不懂英文而惹火了澳警，還是真的是不能在苛刻自己！或是我頂了他們說：「I never saw any sign that say no park over night or no sleeping in car here.」而讓他們氣的去拿紅單，然後即使我怎麼拜託，依舊沒有用！重點是，我用盡了網路查來違規應付警察方式，通通沒有用，還有來反效果。

完全無效第一招：裝死不懂英文

　　起初警察問我地址，我說我目前沒有固定的地址，然後就似懂非懂的假裝聽不懂他要的資料。其實他要車籍資料，但因為車子是登記我朋友的，加上我們的 Car License（Permit Card，就是汽車執照）還沒有收到。本來還在裝聽不懂，直到這警務人員說：**「你再不出示證明，或是再聽不懂，我就得把你帶回警局去。」**靠！所有不懂的單字馬上懂懂懂，不會說的馬上通通會會會！他們早就看穿我們的戲碼，果真嚇唬很有用，英文突然進步神速，然後發現原來自己的英文超級好！只不過要付出一點證明費：140 元澳幣的罰單！

一樣  ：裝死無用

超級沒用第二招：裝可憐眼眶泛紅

當罰單一開，這個昂貴價碼不得不卸下所有的尊嚴求情。我跟他們說：「I have no money to pay.」（我後來想想真不該先說這句話。）他居然回我：「Why did you have food in the car?」媽的！沒用！然後，我就很誠懇的說：「Could you please reduce the pay, it is high for me and I need saving some money for traveling and look for job, please!」警察先生好像有點反應，只不過他早已經把價錢填好了。但後來想想，其實真的太緊張，事先沒有機會練習，不然應該可以減免罰單或其金額（最好事先知道會發生這樣的事啦，我現在才知道真的要多練習一下，以備不時之需。）

既然如此，我也得要搞清楚，只好把我的問題通通搬出來問，反正也沒有救了。我實在不懂，這裡沒有特別標誌禁止在車上睡覺，為何我還會犯規呢？原來，**在市區裡的停車場或路邊都不允許在車上睡覺**。到底哪裡可以？他說，不要在市區，郊區的停車場或是休息區，並且其沒有特別標誌說不能睡在車上的區域，那就可以睡覺。（唉，這已是我第 2 次被開罰單了，第一次也是睡死在車上……）

第一張罰單的故事

話說回來，第一次到底是怎麼發生的呢？那可是在來澳洲後的第一次長途旅行，從布里斯本前往墨爾本旅遊的首日。就在天剛破曉，我與我的伙伴，為了減少旅遊支出，就大剌剌的把車停在海邊旁的公園睡起大頭覺。

這對於來澳洲打工度假且擁有車子的人來說，幾乎是家常便飯。但是，這些家常便飯的背後，或許都藏著不為人知的甘苦。大家已經下盡功夫尋找安全與免費的停車住所，或是，可能跟我們一樣花錢消災。

事後想想我們就是少了點謹慎，即使知道澳洲政府規定不可隨意停車與在車上過夜睡覺，就因為停車的地方還有其他兩輛嘗試過夜的車，就貿然試一下，果真一早就被又急又大聲且帶點兇狠的敲打聲叫醒。嚇醒隨後而來的更是心驚膽跳，澳警先是斥罵為何要睡車上，然後非常的冷酷無情的遞上熱騰騰的罰單一張：125 元澳幣（台幣約 3,600 元）。

其實根據地方的旅遊資訊單位提供，**不管是有沒有禁止睡車上的標誌，澳洲政府都不允許隨意停車睡在公共區域**，除了有標示可以露營或是旅行車休息地區外。主要是避免造成凌亂與安全問題，若想要嘗試隨意停車就睡的打工者，除了要賭上安全外，可能還會收到一張澳幣 125 ～ 140 元的罰單唷！（台幣約 3,600 ～ 4,000 元）

警察來了怎麼辦？

姑且一試的老招 No.1：

不管如何，裝死還是要！但不是裝不懂英文，而是就算你知道你可能做錯了什麼事，但一定要客氣和善且很有誠意的詢問發生什麼事？例如「Excuse me, is something wrong？」（哪裡錯了嗎？）然後說：「I am so sorry about that.」（對不起，我知道我不對了。）

阻止情況惡化的賤招 No.2：

裝可憐一定要！ 先謝謝警察先生的提醒，然後裝出很可憐的樣子來求情。「Thank you for your warming, I will take more attention on it. Could you please reduce the fine?」一定要說目前還沒有找到工作，可以幫忙減少一點罰金或是不要開罰單嗎？求情時哪個字簡單又禮貌？「Please」是一定要的！

五大罰單錢坑

1. 亂停車： 沒有搞清楚停車牌規定，沒事先去停車繳費預付停車費。獎勵：停車 10 分鐘，罰金 65 元澳幣（約台幣 1,850 元）

2. 亂闖紅燈： 違規的路段依各地有不同的罰款，不外乎澳幣 200 元（約台幣 5,700 元）起跳

3. 亂超速： 其實紐澳交通局都很奸詐，都會在時速一百公里狀況下，突然入城要你時速 50 公里，沒特別注意就等著收罰單。這裡罰單以超速多寡計費，超速越多就越多錢。一般只要超過限速的 6%，如 100 公里則不可超過 106 公里，不然就會收到罰單，基本罰金約澳幣 140 元左右（約 4,000 元台幣）

4. 睡在車裡： 在不能睡覺的地方睡覺，還有分等級的罰金，一般在 125 ～ 140 元間（台幣約 3,600 ～ 4,000 元）。

5. 沒有繫安全帶： 不管前後座都要繫上安全帶，不然你可能會收到一張高達 300 元澳幣的罰單唷！（約 9,000 元台幣）

備註：罰單的金額與行車規定會依各洲省與地方政府規定而有所不同，也會因違規日子不同，而有所不同，如國定假期罰單金額可能兩倍跳。詳細可至各洲省與地方政府官方網站查詢。

種族歧視？沒遇過

澳洲歧視真的很厲害嗎？說真的，當踏入澳洲土地時，迎面而來的人群友善親切。有人說，是因為你踏入的地點是布里斯本，若是到雪梨，你可能會受到異樣的眼光對待。只不過當我追問下去，對方總是沒有確切的答案，但又不可否認，雪梨曾是澳洲排外最嚴重的地方

回溯到早期，澳洲政府因為外來移民已嚴重影響當地居民的生活，而實施「白澳政策」，來保衛澳洲當地白人的工作權與生活水。但經過時代的轉變，澳洲政府開放移民成為新一代的澳洲人，澳洲也因而成為世界上多元族群融合的主要國家之一。現在澳大利亞人幾乎已分不清族群，有些原住民裡有著中國人血脈，有些頂著亞洲面孔的人群，已成為道地的澳洲人士、說的是道地的澳洲英文。融合了多元文化的澳大利亞人怎會排外呢？

都市人只是比較冷漠

在混合族群下的澳洲新世代，對他們而言，歧視的不是外來民族，而是認為跟他們格格不入的人。就如我房東 Jennifer（居住在維多利亞省的老居民）說：有些高教育高階級的澳洲人並非歧視低階人士，只不過因彼此的生活與教育水準的不同，造成許多的隔閡，而不容易相處。在澳洲生活一年的我，從布里斯本、路經雪梨、墨爾本、阿德雷得到伯斯，受到的待遇友善親切，沒有一絲被排擠的 fu。

我想排外歧視問題，不論任何一個國家多少都有這樣狀況，尤其只要到了大城市，人們就變成冷漠無情，甚至有些人自以為生活在大都市裡就是比一般鄉下佬來的高等。不客觀看待大城裡的人們生活態度較冷漠無情，就以訛傳訛的惡化澳洲成為一個排外的國家，造成有意前往澳洲的打工族產生恐懼。讓本來已夠多事情去煩憂打工生活起居，還得為排外問題提心吊膽。只想跟你說，別怕，澳洲人很親切友善的。

四處林立的中國城，從北到南通通看得見，就連大型連鎖超市裡也有亞洲食品區。這種新移民早已融入澳洲生活圈中，並佔有一席之地，尤其是飲食文化。（圖為：雪梨中國城）

愛在異鄉大解放

愛，對一個過 30 的女人來說，我想再也不是轟轟烈烈。成熟的態度裡，再也沒有曾經的瘋狂，會多想一點。若愛悄悄的走入心房裡，即時心動了也沒有勇氣衝動。曾經看過一篇文章說，一個男人想要走進一個年過 35 的女人心裡，要看這男人能不能挑起她的慾望。或許這樣說有點露骨，但不可否認的是，誰能勾起這熟女的性慾就是贏家，即便是短暫的相逢。

多少人渴望能有一段精彩的故事，有些人環遊世界、有些人追逐虛幻夢想，有些人卻用遊戲人生來創造所謂的精彩。多少人，放下一切來到異國瘋狂玩樂人生，戲弄愛情，把曾經束縛的人生價值觀，拋棄於腦後。**性與愛早已不是只能壓抑內心底下幻想，任憑感覺作弄，上床再也不是吭不出聲的遊戲，你也可以狂野，儘管在大眾空間底下。**

是戀愛還是亂愛

那一些光鮮亮麗、甚至強調自己清白的人背後，你能否看得見他的瘋狂故事。有時候真的無法想像，**看似清純的人卻可能是最能放下所有的衿持，到異國裡盡情的享受性愛！**雖然不能以偏概全，只不過會大肆所為的人，通常會跌破人家的眼鏡。或許這是因為壓抑太久，爆發的時候就特別瘋狂。這裡不是中國，不是台灣，沒有道德觀，可以隨著電影情節上演對看眼後的床戲。或許有一天，你決定放下一切到異國體驗人生，不管是流浪式的旅遊，還是打工度假，你可能也會忘記曾經的衿持，瘋狂的脫去外衣，狂野的駕馭前一分鐘才認識的男人。你可以借酒裝瘋盡情所為，只要你認為可以。但最好四周無熟面孔，免得落下把柄而話家常在背包客棧裡。

或許這樣的情節並不是上演在每一個人身上，只不過那些人的瘋狂所為，卻謠傳於我們這些遊子間，而在我們的活動範圍下，也時常可見這些爆發性的限制級畫面，大剌剌的上演在你的眼前！雖然這也是異國體驗人生的有趣故事，只不過巧遇的當下，還真有一點難堪！

喇舌是基本禮貌？

　　親吻擁抱對台灣人來說，幾乎是只有親密愛人才有的權利。但在西方文化裡，這樣的親密行為是否是正常可見？或許是先入為主的錯誤觀念，或是沒有弄清這西方交際文化親密涵意，讓許多人認為親吻、擁抱，不管是誰，只要在這都是輕鬆平常，而忽略自己的感受，甚至認為親吻擁抱與毛手毛腳都是西方文化下的自然習俗，走入西方國度就得入境隨俗嗎？

　　熱情與外放幾乎是我們對西方人的印象，尤其是性愛的開放程度，對他們而言似乎沒有什麼忌口，加上電影與連續劇的影響，造成錯誤印象，認為親吻擁抱就是一般常見禮儀行為，所以在西方國度裡不用大驚小怪，即使當半夜敲門聊天談情愛也是一種融入西方生活的表現，即使毛手毛腳也是一種朋友關係的表現。說真的，若搞不清楚西方文化，被性騷擾還以為是正常的情況！

再不放手老娘就要動

　　說真的，實在無法想像被一個相處不到一週的老男人吻著抱著，更讓人搞不懂的是，為何這樣不舒服的行為還得面帶微笑的接受？難道這是因東方人含蓄與害羞而不懂的拒絕，還是不想傷和氣而吞聲忍氣？有太多不舒服的案例，都因為難以啟口，或是不想傷感情而笑笑應對。就是因為不懂得直接表達的性情，讓西方人認為東方人可以隨意挑逗而毛手毛腳，甚至變本加厲。還是我錯了，出走打工度假的女性同胞，已不再有阿嬤交代的男女授受不親這檔事，還是被這些老外來點親吻、擁抱是一種被青睞的感覺，一種象徵能進一步的朋友關係，所以被抱著吻著，就算想吐都沒關係。

擁抱對外國人來說是一種禮儀也是一種習慣，對他們來說擁抱可是人與人關係的重要一環節，但可不是什麼都可以抱，也得一開始詢問或女士示意才可抱抱唷（本圖資料來自「THE LITTLE BOOK OF HUGS」，作者：Kathleen Keating，繪圖：Mimi Noland。出版：AUGUS & ROBERTSON）

其實，西方文化對於親吻擁抱這檔事，只會在比較親密的親朋好友間。最常見的到的親吻擁抱畫面幾乎是在約會見面時與告別時。當然較生疏的朋友間也會有這樣的禮儀，但一般只會輕輕在臉頰旁碰一下，然後說「你好」或「再見」等。

關於情愛話題，他們不忌諱也不含蓄，不管男性還是女性。但這樣的關係底下仍有一定程度的友誼，不然隨意開口就是性騷擾的行為。只是當我們不願再繼續話題的同時，或已有不舒服感時，總是笑笑應對，這可能會讓人誤會你很「尬意」（台語）。雖然黃腔開啟時，有時還搞不清楚狀況，就加入戰局，只因為窮英文聽沒懂（聽沒懂？好像不構成話題性騷擾唷？但隨之而後的行為舉動就得要小心為妙了。）

如何拒絕呢？既然他們如此直接，你也可以很直接，別以為會傷害到他們幼小的心靈（也沒有幼小可言）、或是自尊心（這檔事沒有這麼嚴重）、或是會破壞了感情（這只是會讓他們更得寸進尺）、或是壞了關係（講「不」對他們來說不算什麼，有時還會繼續開玩笑），所以，不要擔心說「NO」！

不蘇胡的畫面　　拒絕的台詞

可以說「不」的情況：
1. 不熟的人擁抱超過5秒：「Hey, enough!」
2. 不熟的男人要行親吻擁抱禮
3. 談起性愛話題並帶點挑逗，讓你已經不舒服的時候，正經並語氣高揚的跟他說「Stop, You're so perverted.」或「You're so sick!」
（表達時的表情很重要，很生氣的表情代表他已經冒犯到你。但如果你說的時候很柔情，就有一點附和他還帶點調逗意味。你可以試試不同語氣說「你很變態」跟「你很變態せ」）

如何吻如何抱？不管如何絕對不會是雞吻與熊抱。其實，親吻擁抱禮一般只會用在熟識的朋友間，但因為熱情開放的澳洲人士，似乎沒有這麼的約束，只要是開心的時候，男生有時也會撲上來抱抱後親親臉頰說聲謝謝或再見等。

來首異國戀曲吧

　　當你卸去所有枷鎖，走進異國國度裡，任誰都想來場異國戀情。真不知道是賀爾蒙作祟，還是西方異國城市中充滿了浪漫情調，或是潛在的嚮往異國戀的因子蠢蠢欲動，讓人容易陷入情海、讓人想談場戀愛。

　　那天室友突然有點失控的哭了，還以為發生了什麼大事，剛與澳洲新朋友約會回來的她，怎會突然的情緒失控呢？因對方向她示愛，而她還沒準備好接招。單身已久的她，對這異國男孩突然而來的追求招架不住，害怕真的愛上了，分開了怎麼辦？害怕出賣自己的感情，只為了想戀愛而愛，甚至傷害這單純男孩。最後，他們沒有繼續，那段情就在時間與距離下煙消雲散。雖然她錯過一段異國戀情，但值得慶幸是她沒有出賣自己的感情。

玩過頭變媽咪回國

　　愛情，是上帝給世人最奇妙的東西。有些人認為它是至善至美不可輕浮，有些人卻是遊走於愛情遊戲間，玩弄愛的價值，摧毀愛的真諦，只為了享受被寵愛的滋味，沈溺於性愛世界中。也有些人曾經為了至愛奔波各地，誓命守護著真愛的另一半，跟著另一半來到異國打工度假求生活，最後卻因受不了享受異國戀情的誘惑，背離彼此各分東西。

　　有些人平安無事的度過瘋狂的異國戀情，有些人卻搞到刊登網路尋求便宜墮胎建議！或許這樣辛辣話題會引來一陣風波與斥罵，但當你在人生地不熟的南太平洋上，能幫忙的只有見不到面的網路論壇系統，尤其像墮胎是這麼難啟口的問題。唉！這玩過頭的下場也未免太對不起生命與愛情的價值，但我想當事人應該也不好過吧！

有些自以為應付得來異國戀情，
卻在分離後如行屍走肉

身處異國中，輕鬆愜意的生活，沒有自己國家的社會文化枷鎖，想來點異國戀情已變成許多打工度假者的願望之一。但當你選擇修讀這門異國的戀愛學分時，別忘記，拿得起也得要能放的下，好聚好散是異國戀情的守則。靠著打工在異國求生存所建的患難情，只適用在異國國度中，即使仍有部分的人能持續保有那一段異國建起的愛情，但當旅程結束的同時，那異國戀情也該劃下句點，即使仍想繼續的纏綿，還是得把他很狠的擱下，然後笑臉期待再相會。

異國戀曲愛的大 PK

金曲獎

有個法國的朋友是個高科技公司的高階主管，在某個假期裡遇見了一個澳洲女孩，情投意合讓他們很快的譜出戀曲。假期結束後他們就算各自回到自己的家鄉，仍不忘這段難得的戀情。長距離交往了近十年，最後法國朋友放棄了高薪工作到澳洲與她的女友攜手組家庭，至今 20 年，依舊相愛。

金霉獎

有個台灣來的小女孩愛上一個義國男，主動積極展開追求攻勢。幾個好友一同出遊去露營，台灣女孩仍不忘推銷自己，就這樣住進義國男的帳棚裡。之後台灣女孩還以為已和義國男成為男女朋友，然而義國男子只不過想跟她一夜情。

是豔遇還是厭遇？

「What's your name? Where are you from? How long have you been here? And then…would you like to go to my home?」 這真讓人搞不懂，為何在簡短問候後，那些頂著不同髮色的西方人怎會如此的直接，還是**當他們決定前來搭訕時，就已經決定把你帶回家？**

若不是親身體驗還真不敢相信，這異國城市如同電影情節般，那個初次見面的外國男孩真直接、坦率，當求愛話一出的同時，還是會讓人發愣，除非你早有準備來此狂野一番。不管最後是否帶回家，至少你有不少的話題可以向人炫耀，曾經有段異國豔遇。但千萬別以為每一個人碰到的豔遇，總會歡喜若狂，畢竟，當被一個阿蛤力（ugly 醜）的人表白時，誰也雀躍不起，倒是會深感羞辱而大發雷霆。

我想我就是如此的不幸，即使說出了豔遇卻掩不住那一種難堪畫面，**難道我看起來如此的隨便，讓這位南非黑人老兄大辣辣的在公車站搭訕，然後回家？**

記得曾經出國前，有個男同學跟我說：「我想你在外國應該會有很多豔遇。」為什麼？原來，在畢業旅行的那一年我們去了趟泰國，被那西方人擁著、抱著、牽著、揉著的泰國小辣椒，不是長的有點抱歉，就是哪裡怪。所以他就認為總是中性穿著又不打扮的我，會是西方人的菜，當時聽見他半開玩笑的推論，還真讓人不爽快。

但如今回想，真不得不承認同學他說的，外國人的欣賞角度不同，才會讓我吃香的品味到紐澳兩地難得的豔遇，即使有些不愉快，但卻也算是增加了許多旅遊的新鮮樂事。

上鋪有怪獸

　　背包客棧裡的進出來往的人群，按大小城市而有所不同。小鄉鎮裡的背包客，許多是隨著季節性工作而進出客棧，生活單純乏味。大城市裡的背包客可就萬般風情！有些是花枝招展的活躍於夜生活中，盡情的賣弄風騷！

　　來到布里斯本第一站，選擇停留在市區旁的一家著名的便宜背包客棧，這客棧剛好處在市區周邊著名的 PUB 街。澳洲人晚上喜歡休閒，不喜歡工作，這街道上的 PUB 熱鬧非凡。許多的背包客與當地年輕人都會聚集於此，享受酒精駕馭下的快感，是西方國家尋找樂子的天堂，也是許多人找尋對象的性愛場所。

　　這些為了追求快樂，看似光鮮亮麗、打扮的花枝招展的女人背後，有多少不為人知的祕密。被濃厚香水掩飾下的氣味，藏著多少天累積的塵垢！有天德國室友說，不懂為何在我上鋪的那個女人，總是白天睡覺晚上不見人。另一個英國朋友說，她應該每天活躍於酒肉摻雜的夜生活，每天濃厚的香水味，快倒盡他胃口！睡在我後方台灣的朋友說，**還沒見過這女人走進浴室裡盥洗，然後乾淨的出門過。**

　　某天跟著一群同住於客棧的台灣朋友，到市區裡去上英文課，延遲了回客棧的時間，錯過了接駁車，一行人步行回去，就在回程的那條 PUB 街上，我遇見了我上鋪的那個女人。擦著濃豔的妝，懷著滿身濃厚香水味和一個高大帥氣的男人正擁著、抱著、吻著。媽阿！一股噁心感一湧而上，不是這曖昧行為讓人作噁，而是你知道那個正擦著濃厚香水味的外國小妞的背後，不知已藏著多少天的髒垢，如此可怕的假面超人，那男人卻愚昧不知，還 enjoy 其中！

在這農場常見的彩色菇類，外表下藏著可怕的毒素，而越光鮮亮麗就越毒

第五章：異國人生

Ni How Hungry? Come in

你好

所以住在國外，倒底是什麼滋味？月亮有比較圓、還是花比較美？會交到好朋友嗎？該去紐西蘭還是澳洲好呢？若有機會留下來當移民該怎麼辦？好煩惱喔。

鼠輩橫行的國家

　　袋鼠再也不是稀奇動物，牠是我見過最多的鼠輩。這句話聽起來還真不是滋味，還可能因此招來一番狠揍，畢竟在台灣，這袋鼠是難得一見的可愛動物。**如今袋鼠已成為我見過，最多、最大的老鼠了**。住墨爾本時，近郊 Anglesea 的 Share House 後院不遠處，就有一處野生的袋鼠群的家，時常就有袋鼠跑到我家裡後院東跳西跳的。

　　若你想來看看袋鼠，別把環境想得太自然，因為這座自然袋鼠生態，其實是座人工化到極致的高爾夫球場。

　　初訪這位於墨爾本以南北方大洋路上的 Anglesea Golf Club 的主因，是鄰近城鎮 Torquay Travel Information Centre 的服務人員極力推薦，說是造訪大洋路的必訪觀光景點。她說，這裡的鼠量多，不但手腳靈活還是高爾夫球場裡著名的駐場「伴球員」。球飛的多高多遠一眼就知，就算是正面突擊而來的小白球，依舊逃不出這專業看球員的眼線，要站左點、還是跳向右點，那小白球總會剛好的落在這鼠腳旁。

　　袋鼠也是絕佳的觀眾，即使飛來的小白球偏向樹林或掉入沙坑，只會蹦蹦跳的給予掌聲，不會吹出噓聲。有如此專業、敬業的伴球員陪你打爾夫球，從未因來不及閃躲的小白球襲擊而破口大罵，或是棄而不幹，莫怪會成為這球場的獨特招牌。

　　當你選擇來這異類球場玩樂時，可要隨時注意這鼠輩留下的痕跡：糞，不然你可能會不小心罵出三字經。但**你知道嗎？這袋鼠便便可是打工者的賺錢商機**，只不過我發現的太晚，沒有在應徵球場雜工時，在應徵職務欄位下填上：Pick Poo Up，而錯過一次賺錢大好機會！

千萬不要以為袋鼠就是一個樣，澳洲的袋鼠有大有小，有灰還有白，像這小不隆咚的沙袋鼠，若不是有個袋子，還真像一般的大老鼠呢！

一樣打工兩樣情

　　每每看到那些超會享受美食與生活的老外們，再看看我的晚餐，還真有點寒酸。雖然吃得已算營養，不是豆腐湯、就是麻油雞湯，不然加個炒飯，每天還有吃兩樣水果，這樣聽起來好像覺得很讚了！**但坐在我旁邊的瑞士小男孩，那一桌料理有著用來開胃的紅酒、沙拉，配上主餐的南瓜豆子飯與印度烤餅**，你也會發現自己怎會如此寒酸。

　　其實，打工度假者在沒有固定的收入與有限的旅費下，總是斤斤計較，能省多少就多少，甚至開銷比在原來的國家裡少了一倍。即使紐澳消費比台灣來的高，有些人就此存了大筆錢回台灣炫耀一番，而背後可能隱藏不少心酸。

　　來這裡，打工度假者不再揮霍，不管吃的買的，有超市自有品牌可以選擇。即使這自有品牌在台灣通常被不屑的認為是沒品味的低級品，在此卻是打工者最愛。而穿的用的，能夠在二手商店裡挑到的、能在低價大賣場買到的，通通不拒。即使不曉得被多少人穿過的舊鞋子也可以穿的嚇嚇叫，就這樣，二手商店與市集成為了打工度假者的購物天堂。

吃不好、睡不飽、為錢很煩惱

　　在這裡，沒有品牌的堅持，沒有口味好不好的問題，**只要便宜能吃，即使已經過期也能下肚，甚至土司長霉了仍可以下嚥**。而當沒有收入或是等待工作時，有一餐沒一餐的過也無所謂。當你看到這裡時，懷疑真的有這麼的可憐嗎？當然不是所有打工者皆如此，但有機會碰到，問問他是否曾這樣？我想他的回答會不相上下。

　　除了吃喝以外，連工作的態度都與在台灣時截然不同。或許你真的沒辦法想像，胃痛、眼睛出血，或重感冒，苦命的打工者為了多點收入，也不停工。**連想請個病假，還得擔心工頭不爽或工廠不悅而放棄**，像不

80

要命般的工作，台灣的老闆若看到這段，是否會沒辦法連結現在年輕人怎會如此認命耐操呢！

　看看同是來此打工度假的西方人，每天晚上喝著紅酒又大刺刺的吃著牛排狂歡，上班累了請假，做的不爽時調時段或不幹，而我們這些勤儉持家又沒自信的台灣人，就這樣忍氣吞聲的在異國中求生存。讓人不得思索起，來打工是在享受異國生活，還是虐待自己呢？

這小房舍裡的車庫，居然也可以變成小房間。不少為了爭口飯的打工度假者，能有一床可睡，也得想盡辦法奪下僅有的空位。即使中午炎熱、晚上寒冷，蚊蟲四處橫飛，也得強忍眼淚，含笑帶過

Big W 和 K-Mark，除了沒有賣生鮮外，就像台灣的家樂福一樣，有自己的品牌，並且強調便宜而成為了打工族時常拜訪的商店之一

當你擠進二十人農寨裡求生存、輪不到你洗澡的時候，你也要懂得學會找地方來解決，就算那是廚房裡的洗碗槽

紅十字會二手商店時常可在紐澳各地中找到，有些店裡販售的品物是由工廠捐贈，幾乎是全新，卻不到市價的一半，愛搶便宜又實用的打工族怎會錯過呢

往事不必回味
經典惡夢倒帶

睡人肉垃圾堆

有些人在一開始就選擇最廉價的航空，然後夜宿機場，只為了省些旅費，當個徹底的背包客。有些人選擇最低價的背包客棧，哪管男的女的，通通擠進一間不到10坪大小的房子裡，即使房子裡的味道臭氣沖天，床鋪裡藏著看不清的蟲子，只因便宜，也得搶著進去要一個床位。

夜宿街頭

這還不悲慘，若是沒有最便宜的床鋪，有些人還選擇在人生地不熟的街角中，當起流浪漢度過免錢夜晚。不顧安全與否，躺著就睡，即使寒風刺骨，還是得強咬牙根熬過去，只為了打工度假！

省吃儉用
變人妖

有些人找不到工作，省吃儉用的白飯配醬油。即使戶頭裡從台灣帶來的錢，還足以快活的在這裡度上兩、三個月，卻因為沒有安全感，而開始減少所有的開銷，飲食就是其中一部分。甚至有人因為環境的轉換與生存的壓力，搞到生理異常。最常聽見就是來此打工的女性同胞們，亂了經期，**搞到後面嘴邊的鬍鬚長了、胸部扁了，發現自己都快變成男人**，才肯再對自己好一點。但通常也得等到工作與生活穩定後，才會慢慢回到正常。

爆肝工作

有些人擔心沒有工作，卯起來的日夜加班，每天只留給自己幾個小時的時間睡覺，然後爆紅了眼，搞壞身子。用了相對的工作時間補眠，還不見得能夠把一身的疲倦除去。雖然最終賺進荷包的，足以好好的玩樂一番，卻忘了到底是打工還是度假，還是虐待自己。

鄉愁口味的西北雨

　　今天的風吹的有點急，風中還夾帶著些許的雨氣，立在房舍外的楓樹漸漸轉紅落下，輾轉告知冬季的來臨。紐西蘭的氣候秋後入冬時，即轉為濕又冷，這也使得困擾已久的關節炎又開始隱隱作痛。雖然冬季即將到來，這兒的天氣轉變依舊精彩，仍可在一日間上演著四季變化。

　　紐西蘭的氣候是世界聞名的怪異，有人說它是南半球典型的島嶼型氣候，我倒覺得她就如溫柔婉約的絕世美女、藏著可怕的善變性格。當人正陶醉於她的美景與溫暖擁抱中，說變就變，讓人措手不及！就如今日氣候轉變，一早晴空萬里，卻是冷冽無比。中午突來滂沱大雨，使得空氣凝結雨氣，冷的刺骨。過了中午卻又突然陽光四射，讓人脫去身上厚重外衣，不一會又烏雲密佈，再次颳狂風下大雨，冷熱交加的氣候轉變像場三溫暖一樣還真折磨人，而這卻還只是上半場，入夜後更精彩！

　　入夜後雨停了，外頭的溫度不像往常夜晚中應有的寒冷，倒是颳起了一股暖流，那風吹起來是涼爽舒適，像極台灣的早年鄉下的夏日夜晚，有時還會夾帶點雨突然掃過天際。這雨像是有人故意潑水一般，一下子就消失無蹤，有點像台灣南部在春夏季節時常上演的「西北雨」，讓人來不及閃躲！暖空氣中夾帶著西北雨散發出濃厚的家鄉味，風陣陣吹徐，時大時小有點像颱風要來臨的模樣，這簡直回到台灣一樣讓人興奮了起來。我顧不得語言的障礙，霹靂啪啦的向來自法國的同事說了一堆家鄉的氣候，只可惜他們沒有遇過颱風，也不懂得颱風的可怕，更不懂得為何在紐西蘭突然變化的氣候下，會讓人如此的思念故鄉！

紐西蘭北島的 Rotorua

紐澳情緒變變變

在紐西蘭時讓人奮發向上，不管打工還是度假或學習都是好認真，卻在一踏入澳洲時，沒有原本的堅持。沒有動力到圖書館裡狂讀英文，也不再四處找機會探險遊樂，只想賴在背包客棧裡，哪也不去；就連交際應酬的勁都少的可憐，彷彿遺失自己的方向與目標而開始茫然了起來，幾乎頹廢著一天過著一天。

為什麼到澳洲後讓人輕鬆而懶散？這是我從紐西蘭轉移到澳洲打工度假後，心情最大的起伏轉變，經過了一段漫長的時間才發現，這幾乎是每個打工度假者會歷經的心情轉換週期性。

紐西蘭心肝寶貝、澳洲比較菜市場

本以為是因紐澳打工度假申請標準不同，促使其參與的背景與性質不同，而造就出不同心情的轉變。因為**要到紐西蘭不但要先有點經濟能力提出證明，還要有點耐性與機運**。畢竟紐西蘭打工度假從簡單網路申請抽籤開始，得耗上兩個多月的申請與等待週期。這麻煩的程序，對部分的打工客來說，卻是紐西蘭打工度假的獨特價值，並非想去就能去。

澳洲打工度假的就顯得簡單許多，你可以今天線上申請，明天線上體檢，後天籌備行李，不用等兩週，就簽證就可能下來。結果我錯了，不管在紐西蘭還是澳洲，都一定會有心情轉換週期，只是剛好我在盲目期進入澳洲。

這週期性的心情起伏，包括從面對新環境產生的不安、尋找工作的慌張期、找到工作並穩定後的奮鬥期、賺滿錢後準備四處遊樂的享樂期，然後忘了最初目的而漸進入空白的盲目期。在盲目時期，你可能連

工作都不想幹，書也不想讀，就只想懶懶得過異國的每一天。然後突然有一天你會再醒來，回到了最初的冒險期重新開始。只不過許多人卻在盲目期偷偷做了改變，不再堅持原本想學好英文的計畫，倒是一心想要大把撈錢，然後再來點不一樣的瘋狂。

左圖為紐西蘭著名觀光大城皇后鎮（Queenstown）景色；右圖為澳洲塔斯馬尼亞的 Richmond

Q&A

1. 如果只有一個選擇，你會去紐西蘭還是澳洲打工度假？

答案是澳洲。很現實的問題是在於「錢」，畢竟澳洲賺的錢比紐西蘭來的多，澳幣匯率也比較高。一樣一週工作 40 個小時，澳洲賺到 700 元澳幣（約台幣 20,000 元），紐西蘭則只有 520 元紐幣（約台幣 12,000 元），所以我會在澳洲進行兩年的打工度假，不但可以邊玩澳洲邊賺錢，然後再申請免費觀光簽證安排分別兩次進入紐西蘭，一次北島一次南島，每次三個月，前一個月在紐西蘭進行交換食宿體驗當地風情，後兩個月就盡情的旅行。

2. 難道號稱擁有全世界最美景色的紐西蘭不值得你在那打工度假生活一年？

值得，若年齡許可、時間許可的狀況下，我一定會在紐西蘭呆上一整年。但若只有一次選擇，那就要依現實考量。

3. 論風景、人情、生活，紐澳哪個好？

都很好。論風景，紐澳兩地都很美。美的部分也很不同，就如「在紐西蘭看不到荒野沙漠」，在「澳洲看不到連綿高山與冰河」。若是論人情，我並不認為澳洲人比紐西蘭人來的不友善。論生活步調，想慢一點紐西蘭是很讚的選擇，但澳洲的塔斯馬尼亞也不輸紐西蘭。

備註：要去紐西蘭還是澳洲，有些人保持著隨遇而安、靜待老天安排的態度，先申請紐西蘭打工度假，沒被抽中就去澳洲。若抽中了就先去紐西蘭，之後再決定要不要到澳洲打工度假，畢竟澳洲打工度假申請不用靠運氣。

好朋友不分國籍

在布里斯本市區裡的背包客棧待了一週後，遷移到近郊的 Caboolture 這個以草莓為主的農業產區。我的好朋友早就在這裡開始她的二簽計畫工作，我也幸運的展開澳洲的打工之旅。

草莓農場是冬季東澳裡最搶手的季節性工作，許多人已事先前來卡位，即使今年的天氣變化無常，讓草莓大鎮 Caboolture 淹起大水災，大半的草莓泡湯，使得事先前來卡位的前輩，苦等了近兩個月。然而對他們而言，這樣的等待是值得，畢竟還有大半的人兒等著工頭叫人。而我倒是個幸運兒，沒有事先的卡位、也沒有特意的安排，就因為我麻吉朋友已先來鋪路，我就坐享其成。

越南朋友是消息靈通人士

加入的這個摘果 Team 是一堆來自越南的朋友，他們有些看似很冷酷，而我們可是他們第一次嘗試同居與共同工作的台灣人。說真的，到目前為止，我還沒有對這個 Team 有多大的不喜歡。或許有些人覺得，跟這些越南人混在一起，程度不同，像是來到越南吃苦工，沒有澳洲的 fu。但對我來說，只要不要跟台灣人混在一起，認識的外國朋友，是亞

農場的工作就是得克難的生活，不要小看這不到 35 坪大小越南山寨，旺季的時候曾擠進 20 多人，共用一個廁所，一個廚房。而讓本來的廚房變成盥洗室，本來的車庫改裝成道地的越南廚房

離家背景打拼的
越南朋友們

洲是歐洲還是美洲，都是難得的機會與經驗。何況這些**來這裡打游擊的越南人，各個的工作訊息來源可是不得了**，像 Ivy 就說，只要跟著他們東南走，秋冬天在布里斯本，春夏天到墨爾本去，還不怕沒有工作做嗎？只不過你的打工度假跟草莓朝夕相處罷了！

有時候想想，我們都只是在異鄉吃苦賺錢的勞工，沒有國家與身份的不同。**交到一堆越南的好朋友，沒有工作的時候，他們還會熱心的幫你一把！這不是很讚嗎？**若是期許能在 Share House 裡找到異國的朋友，還真的需要投資。首先要花一筆錢住在 BBH，然後跟一些同為打工度假的人混在一起，而那些千萬不可以是台灣人，這樣異國朋友才會增多。不然回到台灣後，你會發現，你交到的朋友都是台灣人，這不是不好，只不過少了跟其他國家接觸的機會。所以就算是越南人，你也可以體驗一下他們在異鄉打拼的生活，何苦歧視同是異鄉苦命的越南人呢？

1.每年五月到十月昆士蘭洲的草莓上場，想卡位的朋友記得四月中就要先到達農場周邊，親自拜訪或是電話詢問農場是否有缺工，此動作是要搶農場提供的農舍，若沒有搶到而農場又有缺工，可以請農場主人推薦或安排住宿與交通。

2.搶到位子後，可從培植草莓、除草等工作開始，等到草莓可以採收後轉包裝或是摘果。但有件事情要跟你說清楚，季節工受天氣影響很大，沒有固定的採收量，所以你得要備有一筆基金應變草莓產量低無收入狀況。如去年草莓大鎮淹大水造成草莓採收延遲，五月前去卡位的朋友就足足在農場空呆進一個月沒有收入。

回家之前

　　我家門前有清境，後面有墾丁，清境上面綿羊多，有時有羊駝。家門旁有陶藝坊，坊裡主人是房東；房東家園草地多，還有兩隻小臘腸。當你身處於這樣的夢想空間時，是否也會忘了回家的路？**若當你有機會可以繼續留在澳洲時，你是否會放棄本來擁有的一切留下來呢？**

　　多少人因為紐澳的空氣、人群、動物、生態、街道⋯⋯而戀戀不忘，甚至找盡機會拿到工作簽證，留下來繼續享受這夢想世界。有個同事問我，有沒有想要移民到美麗的紐西蘭呢？說真的，沒有想過。但這一問倒是讓我開始思索起這個誘人移民計畫。

移民疑問句

　　在咖啡館遇見奇異果場裡的一個主管，他是一個來自香港的大哥，移民到這已經 20 多年，平常工作時就喜歡向他問東問西，他總是熱心的回應。難得可以在下班時間遇見，閒聊這裡的三兩事，其中談論到移民這檔事，這香港大哥露出了滿臉的無奈與哀愁。

　　對許多人來說 ，能到這裡當公民是一件多令人羨慕的事，尤其對非先進國家或受政治壓力的人們來說是夢想！香港大哥說，移民到這來生活是享受，沒有政治壓力，更不用擔憂老時的一切憂愁。他說：「這裡的福利好，人們不用太擔心自己的生活壓力，儘管現在的金融風暴席捲全球，對紐西蘭這個農業大國來說，影響卻不比其他國家來的大。對這些靠農業生活的平民小百姓來說，更是沒有多大的影響。但也因為靠著農業發展，國家的經濟成長就不像其他靠科技工業開發國家來得快。」他也因農業讓他既有的工程師專長，像似斷了手腳般無法發揮所長，而有些遺憾。

　　香港大哥說：**「有許多亞洲人為了能取得永久居留權，透過金錢買賣的婚姻來達到目的，這值得嗎？」**或許，對一個想實現移民夢想的人來說，這是只是個跳板、是個手段而不以為意，就像東南亞許多的落後國家將女兒嫁給台灣郎，可拿聘金，女兒也可過較好生活，其家人也因

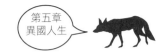

回家吧！
家人在等你呢

此可以分享女兒帶來的福氣，而不愁吃穿。他接著又說：「人的時間有限，那些透過婚嫁的人用了青春去換取危機，只為了一張居留權。」

在話題的最後，香港大哥說：「這種沒有感情價值的婚姻關係，已經扭曲婚姻最基本的價值觀。當你取得了居留證後，會開心嗎？會覺得驕傲嗎？還是覺得沒有什麼困難而不會珍惜呢？」當你聽完這一長段的疑問句時，是否跟我一樣看到那令人羨慕的移民生活底下原來有著不為人知心酸與祕密，而移民的真正價值似乎已被模糊了。

動物星球

　　從奧克蘭的 Sky City 搭乘 Intercity 的 Bus 前往 Katikati 路程為 3.5 小時，一路上的景觀也讓人嘆為觀止。每一個景觀與人群都是陌生，而其景色也因地理環境與生活形態而變化多端。

　　離開 Sky City，車子不一會兒就上了高速公路，這裡的高速公路路面寬度不大，甚至有些路段還比台灣來的小。奧克蘭因為是紐西蘭的大都市，沿途景色是生硬建築，而郊區更是台灣時常可見的鐵皮屋工廠。但路段經過了 Manukau 小鎮，景色開始讓人沈迷。高速公路旁的兩側，有時出現湖泊、有時出現海洋，更經典的是在海洋或湖泊間參差於廣大的草原。在草原上有牛群、馬群，當然還有最著名的綿羊群。其中的牛群樣貌變化，更增添了不少旅程中的樂趣。

　　這裡的牛群，有些是黑白分明的乳牛，有些是畜牧來當肉品的黃牛與黑牛。這些牛兒的長相實在可愛，有時讓我分不清牠到底是什麼牛。有些是黑不隆咚，搞不清楚牠是乳牛還是肉牛，好加在，疑惑的同時那隻懸疑牛突然回眸，原來有一點白在下巴上，牠是乳牛。

　　這隻長在下巴上一點白的乳牛還算好認，有一隻是黑色中幾乎快要找不到一點白，若不是牠抬起了腳行走，露出了白色帆船襪，不然誰也猜不到他是誰。當然也有些白與黑中怪異搭配而可愛，若有機會真該前往這些牛場，為牠們拍寫真集。

小時候的羊很可愛、長大的羊很迷人、穿上黑色絲襪的羊很風騷、帶上黑色面具的羊很搞怪、那長的像四不像的羊呢？就很搞笑了

？？猜猜我是誰

紐西蘭的牛群馬羊已夠讓人驚奇，讓人目瞪口呆，還有一堆分不清的怪動物。像是長的像羊又像駝的羊駝、看似是老鼠卻是袋鼠，看似雞其實是鳥等等。還有一堆四處可見的彩色鸚鵡、有長有短、有大有小、有毛沒毛的怪蜘蛛，而當你要下水時，除了鯊魚還得小心海豹攻擊，在淡水池裡就得小心鱷魚啦！

綿羊　駱駝　海豹　企鵝　？？　羊駝　？？

紐澳生活剪貼簿

越南家常菜：香蕉心

真是沒想到這香蕉心跟我這麼有緣份，才從台灣傳統市場學到，這是民俗保健自然的食材，然而這香蕉心對越南人來説，可是家常涼拌小菜。尤其在吃越南米粉湯時，這香蕉心會先用檸檬水浸泡去澀味後，配上羅勒（九層塔）

搭配著吃。雖然這樣的風味對我們來説還是有點不習慣，卻是越南人常吃的小菜之一。

水果自動販賣亭

走在紐西蘭的鄉間小路裡，你會發現在果園旁有個小亭子，這小亭子裡會放著要販售的水果，像是鱷梨、蘋果、柿子或是其他當令的水果。原來這些水果來自自家栽植，然後直接放在水果販賣亭裡販售。然而這亭子可是沒有人顧攤，要買請自備零錢，投入錢裡箱。這種完全信任的販賣方式，就是紐西蘭獨特的風格。

苦到爆筋高麗菜苗

哇，這裡的高麗菜苗的價格還真便宜，不買個一大包回去料理一番對不起自己。然而沒有弄清楚這像高麗菜苗的蔬菜，吃了可會苦了舌根。原來這似像高麗菜苗的球芽甘藍（Brussels Sprouts），有著相似的樣貌，卻有別於高麗菜苗的風味。它就像是一個個的花苞結在一根根的梗上，有著濃烈苦味的球芽甘藍並不受紐西蘭小孩的喜愛，倒是父母親愛吃的蔬菜之一。需要正確的料理方式，才能吃到他真正的好味道。一般需將球芽上的梗切除，然後對切成片狀，與蒜、洋蔥、辣椒拌奶油烹調，其苦為會轉淡而甘甜，還挺不錯吃的唷！

鯨魚大驚奇

若在每年的冬季來到澳洲，沿著西澳、南澳、東北澳沿岸走，幸運的你說不定可以在沿海地帶，看到迴游的鯨魚。但是除了要有好運氣，還要有好視力才行，迴游的鯨魚不會隨時隨地跳起來給你拍照，你能看見鯨魚的鰭就已經了不起。

拍不到拍不到
啊哈哈哈哈哈

免費 BBQ，不是吃免費

你有空嗎？南岸公園裡有免費的 BBQ，要不要一起去 BBQ 呢？德國小男生突然邀約我這個上了年紀的熟女。或許，這是異國戀情的難得機會，卻因為初到澳洲還弄不清楚免費 BBQ 而推拒了這個小男孩。怎會有這麼好康的事？若有免費的 BBQ 應該人潮滿患，我可不想人擠人。然而我錯了，事後才從朋友那得知，澳洲四處都有免費的 BBQ，這 BBQ 幾乎都會在各大鄉鎮裡的公園裡，只不過免費的 BBQ 不是所想像的有免費的飲食隨你吃，只是一個免費的 BBQ 檯，供你攜帶自己的食物來此料理。

卡車變形金剛

卡車在台灣因酷冷的外表、生硬的體態，加上橫衝直撞的行為，總讓人畏懼。然而紐澳的卡車可是精裝打扮的走在公路的伸展台上，彷彿在暗中比量著行頭與裝扮。由我們這些打工者看來，他們就像是一台台準備去開戰的變形金剛，不知等等會變出什麼有趣的畫面。

貴死你冰淇淋車來了

「麥芽糖，好吃的麥芽糖又來了，有包酸梅、有夾餅，也有整罐在賣……」，這流竄於巷道小路間，賣著麥芽糖的流動攤販，是台灣鄉村裡時常可遇見的午後甜點。然而原來這裡有也流動冰淇淋攤販車。車子裝飾不像台灣的單調乏味，擁有著繽紛色彩的外衣，加上可愛造型的車體，配著輕鬆俏皮音樂。我們總在它越過了住家後慌張奔出，然後狂追這台冰淇淋車，然後氣喘如牛的買一支比麥當勞冰淇淋貴上10倍的冰淇淋（一隻 4～5 元澳幣，約台幣 120 ）。

手推車的悲歌

天阿！ Trolley 怎會如此的貼心？如此的相信人心呢？在台灣可是不可能的事呢？到底 Trolley 怎麼了？原來澳洲地區的賣場推車可以外借回家，不用登記、不用押金，只要你有良心把他送回家即可。如此貼心的服務，真不知是打從心底的服務到家，還是賣家就是要讓買者無後顧之憂的採購？不管答案如何，這帶 Trolley 回家的貼心設計，總讓他成為了悲慘的失蹤兒。

又一章：打工的另一半是度假

叔叔有練過啦！！

咔擦！
咔擦！

打工不是度假喔，是打了工才有錢去度假，請務必理解。那就來打滾吧！讓我們一路從布斯本、雪梨、墨爾本，一路滾到奧克蘭跟威靈頓吧！

奧克蘭長的很東方

從台灣到奧克蘭是我第一次乘坐長程飛行的初體驗，這趟長旅程實在辛苦！睡也不行、不睡也不行！怎能想像在一個小小的空隙裡，要塞進自己的身體，又要把多餘的隨身行李找縫塞，看著隔壁的老外，高有 180 公分、重約 85 公斤，雙腳膝蓋頂著前方的椅背，翻來覆去，好像有點痛苦，這時候身材矮小就很讚了！

友善的城讓人變大膽

這長程飛行讓我醒的很晚，房間裡的遮陽裝置算好，就算已經是快 10 點，室內還是昏暗，其實這時台灣才不過是早上的5 點鐘。來到奧克蘭，並沒有一開始就卯起來找工作，單單遊走於市中心裡，體驗這裡的風情。或許四處可見華語標語，讓英文破爛的我像吃了顆定心丸而不慌張。就算迷路，這裡的人也會幫你到底，甚至

熱心的順便載你到你要去的地方。或許你會覺得很危險，在人生地不熟的地方搭便車。事後也覺得訝異我居然第一天就陌生人的便車，只是為了不到 10 分鐘腳程，真不知哪來的憨膽，還是這就是紐西蘭的魅力所在？

有人説全世界可能就只剩下紐西蘭可以安全的搭便車，更有人説，全世界都有壞人就剩下這裡的人是好人。或許你不相信，但説真的，這裡的人的確讓人放心不少。不曉得是環境的造就還是天神的愛戴，紐西蘭獨得天厚的夢幻景觀，與世無爭的農業大國造就了 KIWI People(紐西蘭人的自我暱稱) 的友善個性。行走於街道中，習以為慣的招呼語，

Auckland
奧克蘭

都讓外來的人不自覺融入其中，連行走於街道中都會不自覺的嘴角上揚。如果有一天你來這，你也會發現為什麼她會被稱為世界上最友善國度。

又新又舊、很歐洲也很亞洲

奧克蘭是一座現代的商業都市，更是紐西蘭的經濟中心，她是擁有豐富新舊風格的獨特城市。舊有歷史文化、誘人嚮往征服海洋的帆船，以及讓人驚聲尖叫的極限活動。雖然我不愛現行推廣的驚悚極限體驗，仍依舊喜好無憂無慮的遊走，挖掘這裡的生活文化。從英式建築到新式的高樓大廈、先進的天空塔與街道兩側充斥亞洲餐館，相信這是奧克蘭成了一座最

不像紐西蘭的城市的原因。在紐西蘭入住的 Home Stay，來自英國移民的 Home 爸說，奧克蘭四處可見中國人、中式餐館、還有各式不同的亞洲食物，不像紐西蘭，卻像融合東西特色的香港。

這裡雖有高樓大廈，卻不像大都市般只有生硬的水泥建築，就算是商業行號充斥於市區中，街道兩側仍保有舊有的歐式建築，就連最熱鬧的皇后大街上，也不過只有短短的不到 2 公里路繁榮樣貌。

處處風帆

造訪奧克蘭最誘人的是帆船，真不知是因便利的港口造就帆船聚集，還是這裡的人喜歡玩海上遊戲；或是因為景色優美，讓人抗拒不了對海洋的嚮往，駕馭著白色帆船隨著風向轉舵遊走於清澈藍海中。有人說，若要深入奧克蘭的心臟，體驗最地方的生活，就要從帆船開始，也因此世界上的帆船的各大盛事都少不了奧克蘭，是愛好帆船必到聖地之一。

這裡的天空很美，每片雲層透過蔚藍的天際展現出萬般風貌，也會隨著風展現舞技，隨著地面萬物起伏躍動，變化出各式迷人風貌。街道上的人群個個自在，行走於街道中，有空閒就會停下喝杯咖啡。午休片刻還是下班時刻，好友相偕有說有笑的到戶外餐區，點杯啤酒隨意而站話家常，都是這裡輕鬆平常可見，卻讓長久處於緊迫台灣城市裡的我羨煞不已。

Auckland
奧克蘭

旅遊筆記

1. 關於奧克蘭 (Auckland)

位於紐西蘭北方地帶的奧克蘭，早期為該地的首都，但隨著威靈頓的人口與商業發展而轉成非首都的大城。即使沒有首都之名，其國際名氣依舊盛大，帆船產業與極限運動讓奧克蘭始終是紐西蘭在國際間的重要觀光大城之一。

2. 奧克蘭博物館（Auckland Museum）

位於近郊的奧克蘭博物館，有著壯觀羅馬圓柱建築，館內除了展示各式歷史文物外，還有一座收藏各式書籍的圖書館。這裡除了館內展示物繁多且精彩外，戶外的大草原與戰事造景風格也是讓許多人前來的誘因之一。

3. 奧克蘭魚市場（Auckland Fish Market）

位於市奧克蘭中心的魚市場，已逐漸成為追逐海鮮美味的必訪之地。這裡除供應各式不同的新鮮海鮮，還有蔬果、起士可以挑選。於市場內也有供應平價與中高價的海鮮料理，其中以平價的並包著各式海鮮的壽司、炸魚、薯條最常被遊客點來品味。

4.Parnell 區

鄰近於市區的的 Parnell 是通往奧克蘭博物館的必經小鎮，在 Parnell 街道上，有著各式不同的餐廳、酒吧與特色的咖啡館。當你來到此街道，別忘點杯咖啡或來杯啤酒，享受一下 Parnell 獨有的愜意生活。

Auckland

奧克蘭

Auckland

1. 市區裡的 Town Hill(行政中心前)，總會有旅客與鄰近大學生到此小歇一下
2.Parnell 街道上的咖啡館
3. 這裡的沙灘沒有想像中的美麗，卻因為有雲層點綴，使這在奧克蘭北邊近郊
Takapuna 的海邊增添不同的風味
4.Otara 市場一景
5. 每當中午收攤，Otara 的小販總會特價大拍賣，內行人這時都會來大搶購
6.Otara 市場裡居然可以找到新鮮的竹筍，一般紐澳竹筍都是加工後的罐頭
7. 在奧克蘭市區 Benedict 街道上的教堂
8. 在奧克蘭可以見到各式便利觀光的服務與設施，像這位交通大使，專門幫忙
來往遊客解決大眾運輸的搭乘問題
9. 這裡中午許多上班族，會點杯啤酒在戶外吧台偷閒一下

3 4

6

9

市集快報：**Otara** 市場

在紐西蘭的各大、小城裡，總會有市集在假日時刻上場。號稱北島最大的假日市集：Otara 市場，位於奧克蘭市區約一小時車程。當你拜訪這市場，首先會被其攤販聚集的範圍與數量震撼，再來是市集巷道內清楚規劃的販售區，包羅了農產品、飾品、日用品、藝文品、小吃熟食區。裡面有著各式極少在紐西蘭市場裡看到的蔬果，像是竹筍、苦瓜等，而市集旁的商店街也販售各式便宜的日用品。走入這豐富多樣的Otara，彷彿走入一個混合東西方卻很亞洲式的市集。

魔戒之都威靈頓

紐西蘭的冬季又濕又冷，很多人會特地避開這樣的氣候進行旅行，冬季也成為紐西蘭旅遊的淡季。只不過這樣的淡季對於背包客來說沒有太大影響，在紐西蘭各地依舊四處可見背包客行走其中。

下雨天、留客天

陰雨天，是秋冬造訪威靈頓常會遇見的事。說下雨是掃興，不如說是紐西蘭北島的秋冬特色，就如北台灣的九份冬季一樣，就是要有點雨才襯托出九份獨有的風情。

若想要搶點便宜玩透紐西蘭，秋天時刻絕對是最佳時機，只不過你可能會因搶便宜而遇上秋冬濕冷難受的氣候變化。但不用擔心，就算下雨威靈頓也有地方讓你去。因為這裡有許多的「雨天最佳玩法的建

威靈頓紅岩石
(Red Rocks) 海
岸景色

議」，你可以玩玩飯店設施、或去逛逛博物館、看場電影、或到街上去 Shopping、到大型書店裡看書、到狹小巷道內尋找特色餐廳，或是找間特色咖啡廳恢意的喝杯咖啡。

威靈頓是紐西蘭的首府之地，也是重要的交通運輸中心。也因為串連南北島的交通運輸，成為了北島重要的觀光大城。這與奧克蘭同樣有迷人的港口、可觀的博物館、時尚的流行專區，當然還有一推臉孔相似的亞洲人與亞洲商店。有個台灣朋友初次到訪傳了簡訊說「威靈頓就像台北的東區一樣，是購物的天堂，是貪吃者品味的聖地。」沒有錯，當我穿著輕便衣著打扮，背著厚重背包行走街區中，有點格格不入，這裡來往的人群個個精心打扮，有別於奧克蘭的休閒風格，這裡有點像紐西蘭的時尚城市，在城市的巷道中藏著一家家小巧別緻的餐館、咖啡廳、酒吧，

Wellington
威靈頓

有些餐館的價格不高，也因此誘引
了許多背包客前來飽腹一番。

樂園式博物館

　　威靈頓有一個在地人引以為傲
的博物館：Te Papa 博物館，這可
是造訪威靈頓不可錯過的景點。
Te Papa 號稱為全紐最棒、最值得
前往的博物館。但若是要從外觀
來看，真是讓人驚訝為何它會有
如此封號。畢竟這座有點像台灣
Shopping Mall 的現代建築，從外觀來看實在沒有誘人的因子，還好強調
免費參觀，讓許多人前往一看究竟。

　　走入館內，這時你就會知道為什麼他會號稱為紐西蘭最好的博物館。
我想除了內容豐富有趣，以及包羅萬象的展物外，空間設計以透過指紋陳
列，展現出與眾不同的表達方式。雖然走入其中感覺不出環繞在指紋中，
或許只是噱頭，或許需要把屋體的天頂蓋子拿起來，從上往下看。不管如
何，這指紋的設計已成功的創造獨特的意象風格，而其展示內容因增添許
多有趣的互動設施，讓人再也不是死板板的看著圖說，而像是走入遊樂園
般。可以很知性的欣賞藝文，可以坐在精心設計的老舊房屋內觀看似像舞
台劇的電影，更可以走入蚊蟲世界裡，找找所有藏在家裡的怪昆蟲，說他
是博物館，又覺是遊樂場，莫怪吸引眾多人前來，成為全紐造訪人數最多
的博物館。

Wellington
威靈頓

魔戒家鄉

在威靈頓的街道區,有一座很醒目的地標,那地標上有著一個像卡通影集裡,變身為攝影機怪獸的機器人,站在轉角中注視著來往的人群。其實這攝影機怪獸,可是代表著威靈頓與電影的密切關係,更是象徵紐西蘭的電影商業大城的成就,因為著名的導演 Peter Jackson 就誕生於這個城市。而他透過《魔戒》帶領了世界走入紐西蘭,讓人透過電影造訪了這裡異於一般的自然景觀。也因魔戒的成功,紐西蘭政府將這裡發展成電影商業中心,而威靈頓現在已成為了南半球中影界的重要交流之地。甚至有人將他取為「威萊塢」,來象徵發展電影事業的決心。威靈頓這城市也因電影在世界裡大放光芒,真不知台灣著名的導演李安,在世界影壇的成就,能不能讓他的出生地台南,變成台灣的電影商業中心、亞洲的電影大城?

威靈頓

1. 關於威靈頓（Wellington）

威靈頓，她是紐西蘭的首都，也是紐西蘭的重要交通運輸地。是南半球的電影大城，也是紐西蘭著名的藝文大城。威靈頓除了電影產業響亮外，其緯度超過 40 度而被封為地球上最南邊的首都。

2.Te Papa 博物館

外觀不搶眼的 Te Papa，用著指紋般的迴紋展現出內在豐富與有趣的博物館。這號稱全紐最大的博物館裡內融合了歷史、地理、藝文與科學，是市區景點的必遊處，也是雨季時刻的熱門消遣去處。免費參觀，但若想要看透這博物館，你可能要花上一整天才行。

3.Botanic 花園

Botanic 花園我想對於威靈頓人來說不只是個花園，這裡有歷史代表性的登山紅色纜車，還有幾座早期發展留下的舊建築。這裡除了有著各式植物花園外，還有一座纜車博物館，展示纜車與威靈頓間的關係歷史。園區山腳下通往市區有一座玫瑰花園，除了有戶外的玫瑰園外，還有室內的熱帶植物園與咖啡館。

4. 紅岩石海岸（Red Rocks Coast）

紅岩石海岸可說是威靈頓近郊的熱門景點，這裡除了有蔚藍的海岸外，還有別緻的臨海小屋。海岸因為有著特有紅岩石而著名，每年 5 月到 8 月中的海豹聚集也是帶動健行紅海岸的賣點（前往該地前請先向威靈頓旅遊中心洽詢，以免錯過搭乘的公車與觀賞時間）

Wellington
威靈頓

Wellington

1. 這矗立在街角的攝影機器人，十足展現電影大城發展的企圖心
2. Te PaPa 博物館內的交通工具展覽區
3. 從市區可搭乘紅色纜車前往植物園
4. 威靈頓 Harbourside 市集
5. 全紐最大的博物館 Te PaPa 的指紋圖示
6. 前往紅岩石海岸沿途景觀壯麗，入冬後寒風刺骨
7.8. 坐上紅色纜車可一覽威靈頓全景。有人說，來威靈頓沒搭古老的紅色纜車
享受老威靈頓，就等於沒到過威靈頓
9. Harbourside 假日市集旁的魚市場，是海外捕魚回來的漁船現抓現賣

Wellington

市集快報：
Harbourside
假日市集

位於威靈頓市中心，每週日早上 9 點至下午 1 點左右
上場。這市集可說是標準的農夫市場，這裡除了賣著
各式蔬果、中西小點外，還有剛從海外捕魚回來的漁
船，販賣新鮮魚貨而別於其他市集。

冬暖夏涼布里斯本

秋末冬初的紐西蘭又濕又冷，實在讓人受不了，讓我不得不趕緊打包行李逃往著名的陽光地帶「昆士蘭省」去渡冬。

從威靈頓來到布里斯本的當日已經過了晚餐時刻，打了電話給預訂的客棧，卻因澳式英文搞的模糊不清，又捨不得花錢坐計程車，只好逞強的拖著大小行李，走在高低坡度差很大的市區，尋找可以前往客棧的公車。

以為自己的英文在紐西蘭的三個月裡，已經會聽會說嚇嚇叫，想不到一到布里斯本對英文又是鴨在聽雷一樣聽嚨沒。問了 N 個澳洲人說要怎去「羅馬街客運」（Roma Street Station），卻總是抓不到重點，一直迷路在是中心裡，走不到該去的車站。當找到公車接駁地點，卻已錯過了最後一班。本來市區到客棧只要 10 分鐘，我卻搞上近兩個小時，一身又是剛從紐西蘭穿來的厚衣褲，讓人熱到都快窒息。

在客棧休息一天後，決定好好看看這個位於澳洲昆士蘭省東南方的首都。 布里斯本河流穿越布里斯本中心地帶，將布里斯本分為兩區，北方為現代商業區，南方為藝文遊憩區域。在布里斯本河流的中心位置，有一條規劃好的市區步行路線，此路線從維多利亞橋開始，路經藝術文化地帶的南岸公園，走入擁有熱帶與紅樹林生態的城市植物園「昆士蘭科技大學」。若越過紅樹林生態區，你會看見不一樣的布里斯本，不再是那麼單調的都市叢林，船帆舟艇林立河流上，河道旁的人行步道有著偷閒到此愜意散步的人們。

有人說來布里斯本就是要花上一整天到南岸公園閒晃，去 join 一場

Brisbane
布里斯本

世界級的藝文展覽，或是行走中心
地帶「喬治大街」（George St.）
上去挖掘新舊時期發展交錯痕跡，
細細品味舊時期遺留下的舊建築。
但愛好時尚熱鬧的年輕人卻不怎
愛在那一區域，倒是喜歡齊聚在
「皇后大街」（Queen St.），因
為這裡擁有最熱門的購物中心、
最多樣的商品展售，而逢假日或
週三時刻還會有市集，所以不管
假日還是平時，皇后街上總是充
斥來自各國的學生與打工族。

　　有人說布里斯本是愜意低調的
大城市，她沒有雪梨的高貴傲氣，
所以讓人容易靠近，不知是否因此
而吸引了大量亞洲人士在此落腳。
不管是移民、或短暫停留，這四
處可見的亞洲人兒，若是能入境
隨俗，或許還能為布里斯本增添
另一亞洲韻味。只可惜流竄在街
道兩側的年輕亞洲人，有些叼著
煙吹噓著望著來往人群，有些不
顧他人眼光大聲交談，有些則當
街大刺刺的親吻擁抱著談情說愛，
而毀了布里斯本氣質與涵養。

Brisbane
布里斯本

1. 關於布里斯本（Brisbane）

位於澳大利亞昆士蘭洲東南部的布里斯本，每年到冬季時刻，總會擠進來自各方的打工好手。這歸於獨厚的冬暖夏涼氣候，不管是打工還是度假者紛紛在澳洲冬季湧入布裡斯本玩樂與避寒一番。

2. 昆士蘭藝文中心（Queensland Cultural Centre）

位於布里斯本市中心的昆士蘭藝文中心，除了集合了博物館、圖書館、美術館外，還坐擁窺探布里斯本河與市區樣貌絕佳觀景點。你可以到此閒晃一天，讓自己置身於藝文氣息中，品味杯特調咖啡，或是將此安排為一日遊的起點，藝文中心裡的各館將會讓你透徹了解澳大利亞與布里斯本。

3. 皇后街購物中心（Queen Street Mall）

座落於市中心的皇后街購物中心，連結了東方的昆士蘭科技大學、南方的藝文中心、北方的中國城。街裡有各式各樣的精品百貨，是旅客與打工族常去採買生活品與伴手禮的好去處。每逢週三與假日，在其周邊也會有市集上場，活絡了整個購物商區。

4. 昆士蘭科技大學（Queensland University of Technology）

別以為昆士蘭科技大學裡只有學術機構，在校區裡藏著舊時期的行政區域，像是有著古典優雅外貌的前政府大廈與美術館，在校牆旁的舊議會大廈等，不單如此這裡還有一座城市結合亞熱帶與濕地生態的植物園。

總是人潮擁擠的皇后大街

Brisbane
布里斯本

布里斯本文藝中心

沿著河道徒步往西行走，可見帆船舟艇與紅樹林　布里斯本的河景幾乎是整市區景色的精華

Brisbane
布里斯本

Brisbane

1. 南岸公園裡的摩天輪已漸成為布里斯本的新地標囉
2. 南岸地帶擁有美術館、藝術館、博物館，以及圖書館而成為藝文中心
3. Caboolture 市集一景
4. 維多利亞橋是串連南北兩岸的重要交通地帶
5. 在 Caboolture 市集幫人塗鴉的媽媽其實是男扮女裝唷
6. 布里斯本的河景幾乎是整市區景色的精華處
7. 農業大鎮 Caboolture 市集時常可見一大箱水果便宜賣

市集快報：
Caboolture假日市集

位於布里斯本以北的 Caboolture 是昆士蘭州裡的農業
大鎮，除了打工族會來這裡求生存外，也有許多愛好
逛市集的在地人，逢假日也會前來這裡的假日市集大
採買。這市集融合了農產品、二手、遊樂、藝文為一
身，商販聚集超過 200 家，可說是昆士蘭州省裡最大
型假日市集之一。若想到這可從布里斯本搭火車往北
至 Caboolture，路程約 1 小時，到了 Caboolture 車
站後，轉搭客運或是計程車往 Elimbah 方向至假日市
集（約 5 分鐘）。

小歐洲墨爾本

一踏入墨爾本時，首先迎上的濕冷氣候讓人鄙棄，抱怨的同時，當地人會跟你說：「再等一下你就會喜歡這個城市啦！」我想這是每一個拜訪墨爾本的遊客會碰到的問題，運氣好，一來就是好天氣，你將會熱愛這個大城市。若不幸巧遇陰雨，除非  你有大量的閒時間在此，不然你可能很快的想收拾行李離去。

墨爾本是富有氣質內涵的大城市，有人說她是小歐洲，或許是在發展的同時，保留了許多原本維多利亞時期留下的建築，也或是這裡人們溫文儒雅的生活風格，造就一番歐洲韻味。當你踏進這個氣質城市，來往人群的慢步調，氣質高貴的穿著，配上極具協調的城市創意裝飾藝術，加上行駛在軌道上的城市電車來回緩慢穿梭，這些老建築與舊電車毅然成為了墨爾本在澳洲大城中最有味道的城市。

一定要買買買

也有人說這裡是全澳最適合採購的天堂，不管是高貴流行物品，還是低價的百貨，通通藏在林立伯克街道（Bourke St.）兩側的舊建築中。其中最時尚的精品集中在最品雅的「柯林斯街」（Collins St.）上。

說墨爾本是最適合採購的天堂，除了各式大小的購物商場外，亦可從她著名的「維多利亞女皇市場」（Queen Victoria Market）中可窺知一二。畢竟在澳洲各城市中，能有像維多利亞女皇市場裡同時擁有跳蚤、衣飾、農夫、生鮮雜貨、創意市集極具一身的大規模不多。這市集已儼然成為觀光客造訪墨爾本必到場所，即使此市集現在充斥著各式華人小攤，但其中仍有大部分當地的農作產品與藝品販售，值得造訪。

Melbourne
墨爾本

在大洋路的 Anglesea Holiday Market（多角海假日市集）有菜市場也有遊樂園

天天泡在咖啡裡

　　墨爾本除了維多利亞女皇市場外，也擁有全澳最好咖啡的封號。然而墨爾本的氣候並不屬於咖啡最適合的生長環境，難道是顛覆一般栽植出的異類咖啡品種嗎？還是烘焙技術了得，使得咖啡風味更加獨特迷人呢？從旅遊資訊與官方資料看來，絕非是氣候因素，更非此地擁有絕頂的烘焙技術。倒是墨爾本人的文雅生活態度造就了墨爾本咖啡的風靡，而他們品味咖啡的慢活態度，也使得咖啡館林立於各大巷道間，因而創造了最適合品味咖啡的天堂。只不過，當你要尋找真正屬於墨爾本的格調，提醒你要懂得在 Mall 與 Mall 之間穿梭，去探詢原本的老街道，去瞧瞧這個藝術文化如何將醜陋街角轉換成獨有的藝術天堂，縱然一眼望去有些詭異！

　　若來墨爾本沒喝杯咖啡，這裡的人可能會跟你說，那你真的格格不入，也不配說過來過墨爾本。然而，若有日你到來，且正苦無去處而憤憤不平這裡的惡劣氣候，不管是走到最老巷道 Degraves 裡喝杯咖啡，還是到近郊 Lygon 街的咖啡館去，都可以在咖啡館中看見等待中善變大城的美麗！

庫克船長小屋

墨爾本

旅遊筆記

1. 關於墨爾本（Melbourne）

墨爾本，澳洲維多利亞洲省的首都，有老舊電車、古典的建築，以及活躍購物商圈與愜意的咖啡文化。或許這氣候轉變讓人難受，就連墨爾本人也會唠叨上幾句，只不過氣候對墨爾本人來說，就是善變而顯出墨爾本的獨特。

2. 咖啡與老街邂逅區（Brunswick St. & Degraves St.）

想尋點墨爾本的時尚老味道，就一定要走一趟聞名全澳的咖啡邂逅區 Brunswick 街 &Degraves 街。但可別以為這兩條老巷道只有咖啡迷人，這裡的各式美食小吃可是在地人趁暇之餘必到的經典地段，更是饕客不可錯過的墨爾本風味餐點絕佳地點。

3. 聯邦廣場（Federation Square）

想要融入墨爾本式的運動風格，除了到球場裡去，也可在聯邦廣場外好好與觀賽者 join 一番。聯邦廣場位於佛林德斯街（Flinders St.）車站旁，是墨爾本的新中心地帶。其搶眼的現代建築與老舊的電車、教堂與車站的呈現一種強烈對比，但卻讓墨爾本的舊文化中添入了新風格。廣場下層有一座提供完整的旅遊資訊中心。

在中心裡著名的咖啡餐館老街 Degraves

Melbourne
墨爾本

墨爾本的有軌電車與街道市容

街道上點綴藝術為聖誕節做準備

來自英國原版的庫克船長小屋

Melbourne
墨爾本

Melbourne

1. 只要有點陽光，墨爾本人就會找個地方坐下聊天或是看書
2. 就連令人鄙視的垃圾桶也得濃妝豔抹，真是有夠藝術
3. 維多利亞女皇市集的魅力可非只有觀光客，對在地人來說更是引以為傲
4. 在市中心裡著名的咖啡餐館老街 Degraves
5. 這紅色電纜電車是老古董，每天環狀開在墨爾本街道，可免費搭乘
6. 透過近郊 Kilda Beach 遠看墨爾本
7. Anglesea 市集的一小角落

市集快報：
Anglesea Holiday Market
假日市集

生活在維多利亞省半年的我，最喜歡逛的市集是位於墨爾本南方的「多角海」（Anglesea）假日市集。這個市集只在每個月的第一個星期日上場，冬季時刻全面休市。在此市集裡可以買到各式新舊品百貨、新鮮農產品外，還有長排小吃餐車讓你吃過癮。市集旁河岸空地上有不同的娛樂設施選擇，有騎駱駝、玩風帆、划獨木舟、踏水車。如此多采多姿，對我來說不止是個市集，而是一個海洋風味的假日嘉年華。想要到這來，可以從墨爾本搭火車往「吉郎市」車站（Geelong），在火車站轉搭至「阿波羅港」（Apollo Bay）方向，到 Anglesea 市中心下車，約 1 小時 45 分。

雪梨是個富貴逼人

　　雪梨就像紐約一樣，幾乎是無人不知的國際大城，尤其每年的跨年晚會，在台灣的電視台上總是會特別轉播。不過當我們迎接跨年時刻時，與台灣時差相差快 2 個小時的雪梨，跨年盛事早已落幕。

　　說真的，當我即將踏進這個國際聞名的大城市前，那種緊張與興奮絕對超乎想像。即使壓抑情緒不因此波動，卻仍潛藏著許多擔憂與問號，畢竟這可是我這個平凡小子造訪的國際大城的初體驗。

　　果真從進城的電車開始，接觸來往的人群有別於澳洲其他洲省。他們的步調、穿著、與臉上散發出的傲氣，都讓人有些怯步不敢靠近。這種感覺就像台灣的鄉巴佬，有天突然走進台北大城裡，發現哪裡的人群來往冷漠，步調快速，街道上林立著冰冷水泥高樓，迷失方向時，渴望會有人伸出援手，卻只能茫然的站在大馬路旁。

上面高貴下面頹廢

　　終於抵達雪梨市中心的的中央車站，一踏出車廂，以為大城裡的地鐵應是高貴又時髦，沒想到地鐵裡四處是老舊鋼鐵，月台空間擁擠狹隘，這樣的景象讓人無法聯想在地面上雪梨給人那般亮麗豪華的城市印象。感覺就像是個年邁已高的老女士，畫著濃豔的妝，卻藏不住骨子裡的老舊，即使要換骨子不知得花上多少年歲月，多少的龐大經費。

　　再走進一點看雪梨，你會發現她像女人一般，即使沒有年輕活力的外貌，也得為自己撲上華豔外衣。一個具現代流線體的「雪梨歌劇院」與英式風格的舊鐵橋「海港大橋」，對立在市中心海面兩端，應該是格

熟熟女

格不入，想不到雪梨歌劇院的白晰亮麗，居然襯托出老舊海港大橋的美感，這讓這年邁的老女人充滿藝術氣質而迷人。

家有一老如有一寶

雪梨值得讓人嚮往的因素絕非只有那著名的歌劇院，畢竟這城市的老舊骨子，就可以讓人細細品味。如粗獷的「岩石區」（The Rocks），不但各式特色商店與餐館林立，還保留許多 18 世紀岩石建築群，與一間雪梨最古老的房屋。

雪梨是歐洲人最早移民至澳洲的開發地，經過世代的演變，這座大城市已不再單純是座歐式王國，這裡人群結構多樣。雖然至今她仍有些不願接受來自不同國度的人種進住，卻不可否認不同族群的融入，讓雪梨更繁華、更具一番有別於其他大城的特色。如雪梨中國城，華人自 1840 年代開始，從應付勞力需求到此建造澳洲大城，使得在熱鬧的雪梨市中心裡不能與中國城背離，而緊連一起同為雪梨的商業中心。

不同族群文化融合下，有時也會有不搭調的現象，像矗立於雪梨市中心裡的中國城就與這現代繁榮的藝文氣質大城顯著格格不入。畢竟瑰麗的華人風格與米白相間的歌劇院不相襯，華人喜愛熱鬧吵雜，西方是悠哉寧靜，這樣的衝突是國際大城必會存在的社會現象，也是族群融合造就的新現代文化現象。

Sydney
雪梨

1. 關於雪梨（Sydney）

　　説她是澳洲最知名的國際大城應該不為過，每年電視台中的跨年煙火連線，代表南太平洋的據點就是雪梨。從 1788 開始，來往的移民文化造就出多元豐富歷史，然而千萬別以為的雪梨大城是澳洲首都，坎培拉這人工造出的澳洲首都總是只有被忽略的份。

2. 雪梨岩石區（The Rocks）

　　想要一窺雪梨大城的老命脈就到岩石區來吧！位於 Harbour 大橋下的岩石區，有著古老建築、別緻餐廳與各式老酒吧。在岩石區道中進駐了各式新舊花樣的小商店與一座資料俱全的遊客中心。每逢週末時刻會有市集，這市集不但活絡了就岩石區，其商家販售的各式精緻禮品也毅然成為採買伴手禮的必到地點。

3. 雪梨魚市場（Sydney Fish Market）

　　想要在澳洲找個像樣的魚市場，這雪梨魚市場將不負你所望。位於達令港（Darling Harbour）西方的雪梨魚市，可以算是澳洲最響亮、規模最大型。這裡除了販售各式新鮮海鮮，還有多家的熟食餐廳任你品味澳式海鮮大餐。然而，哪種海鮮料理最道地？就是炸魚排、炸海鮮和配上炸薯條，當然這裡的商家也提供各式不同的料理方式，包括日式的沙西米或是壽司，以及中式醬烤風味。

4. 中國城（Chinatown）

　　雪梨的中國城與其它的中國城，除了歷史最悠久外，這裡有獨一無二的中國城花園，座落於雪梨市中心的重要商

業區。不單如此，匯集中式南北各式美食，就連台灣知名的 KTV 也在這湊一腳。而與中國城相連的派迪市場（Paddy Market）規模極大，除了販售混合中西各式料理食材外，還有各式商店與禮品店參雜其中，其貨品價碼只能用便宜來形容，但其品質就有待保留了。

Sydney

雪梨

1. 雪梨港口總會有觀光客來往拍照
2. 渡輪、港口與海港大橋的對照景象，是雪梨最迷人的特色
3. 雪梨市中心裡的中國城
4. 中央火車站裡典雅帶點復古的大時鐘
5. 從岩石區（The Rocks）至海港大橋的路上可一看雪梨大城全景
6. 這可愛的玩偶是 Glebe 市場的夯角色，每一隻都有自己的名字與生日唷
7.8. Glebe 市場總有奇怪特殊的藝品

6

7

Gelee

Snuggle Bug
$40

8

市集快報：
Glebe 市場

想要在傲慢的雪梨大城中找點平庸滋味，那就別錯過鄰近雪梨大學的 Glebe 市場。這市集不但販售各式新舊日用飾品，還有許多精緻手工品與怪異的創作品。想要來點不一樣的紀念品，或是不像澳式料理的平價小點，這裡絕對可以給你飽滿感。若是你是一個喜愛採買點二手服飾品牌好貨，這裡也是絕佳挖寶點。

Sydney

朋友的話

小塔

澳洲打工度假，讓我體驗到工作、學習與流浪的樂趣。這樣的流浪方式我用「閒雲野鶴」來形容。在這出賣勞力與時間所換取來的代價，除了薪資面、人際面與體驗面外，最重要的就是能夠不斷的讓自己遊走於地圖上，努力的實踐「讀萬卷書不如行萬里路」的真諦。

林香吟（Alin）

雖然沒有跟著什麼計畫走，收穫也無像他人說的響亮，但還是很開心在此認識到很多人並一起走過一些地方。在旅程中或多或少感觸，只是當下的改變不會是在短時間發酵出來，卻不可否認在這趟打工度假之旅，會讓你改變些什麼，即使在這旅程失去交往七年多的另一半。

Elsa

從來就沒有後悔加入打工旅程，就算放棄台灣原本讓人羨慕的好工作。始終相信「有捨才有得」，所以我選擇出走。不管自己英文多麼菜我還是可以在雪梨賣起海鮮、炸起魚；不管四周人群多麼陌生，我仍有來自十多個不同國家打工好友們一同在塔斯馬尼亞的古老森林裡為我大聲唱著生日快樂歌；不管季節工裡我含過多少辛酸淚，還是可以大口吃草莓當福利。打工度假絕對不輕鬆，但也不是件難事，我在打工度假中增添我人生精彩故事。那你的呢？你還在等什麼？

安琪拉與蘇喬丹情侶檔

安琪拉：

在 42 度艷陽下工作行走 9 小時；在半夜伸手不見五指的淹水封閉道路上推車；8 天內開 8,000 公里就只為了一圓雪梨跨年夢；跟澳洲房東爸媽體驗所謂的從未有過的夏季聖誕節。對我們而言，打工度假就像一場有笑有淚的夢。這場夢給足了我們回憶一輩子的養分，我們有說不完的故事、流不完的感動淚水。這些都是在台灣一輩子都經歷不到的。

蘇喬丹：

一年半中的旅程，我們學會用勇氣跟毅力去面對問題；更學會珍惜當下所有的一切。只是，我們還是學不會勇敢說再見；卻學著在不捨淚水中給予真心的祝福。也許，打工度假讓你在現實與夢想中必須有所取捨與犧牲。但請相信我們，不管這世界有多大、有多寬，追求夢想又有多快樂，總要在你願意踏出這一步之後，才能明白。

Ari

在台灣生活太方便，很難會為了今晚煮什麼而煩惱，因為走出巷口就有一家價美物廉的麵店。在澳洲生活變得很規律，幾乎天天早睡早起，因為澳洲夜晚的街道是一片冷清。在澳洲飲食變得健康，不再是餐餐都當老外，因為澳洲外食貴的不像話。在澳洲學會什麼叫不要命，就當我在澳洲土地的首次開車，撞斷路標，差點煞車不及玩出人命，證明那張 N 百年前拿到駕照真的沒有用，不管如何打工度假讓我變勇敢了！

巧芯（Janet）

背起裝滿勇氣的背包，拉著滿箱祝福的行李箱，手裡握著自我期許的機票，踏上任性的腳步飛翔！灑脫面對不可預期的未來，沒偶像劇化，人生頓時精采有張力，結局總是出人意料。那環澳留下的足跡與身影，不想瓊瑤化，自私地收藏專屬回憶，永遠生動地重播著。Everything is possible, just believe it！Cheers!